JN348837

@sj_musicnote 3

바이닐 중심의 음악 에세이 @sj_musicnote 3

1판 1쇄 발행. 2024년 5월 9일

지은이. 장서연
편집. 북스미
펴낸곳. 북스미

출판등록. 2021년 5월 27일 (제2021-000008호)
이메일. booksme@naver.com

ISBN 979-11-974964-4-8 04810

바이닐 중심의 음악 에세이

@sj_musicnote

Book'sme

차례

일러두기

- 편집자 주는 *로 표기했다.
- 앨범명과 작품명은 〈 〉, 영화 제목과 TV 시리즈, 책 제목 등은 《》로 표기했다.
- 국내에 소개된 책, 영화 등은 번역된 제목을 따랐고, 밴드명, 인명 등은 보편적으로 통용되는 한국어 표기를 따랐다.

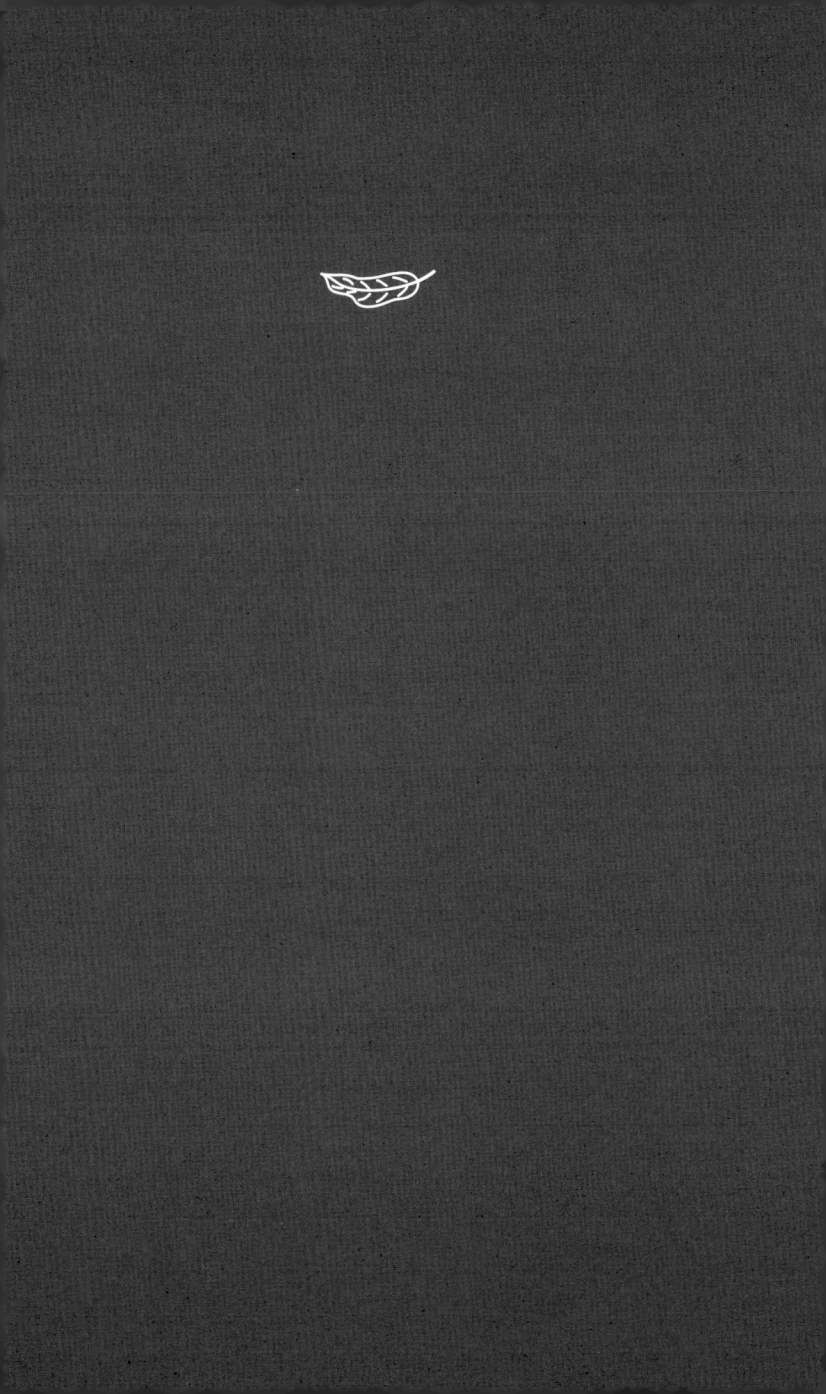

잘될 리 없는 시간들

〈Kaputt〉 Destroyer

디스트로이어는 대니얼 베하르(Daniel Bejar)가 주축이 되어 이끌어 온 인디 록 그룹이다. 지역적으로는 캐나다 밴쿠버에 기반을 두고 있고, 25년여에 가까운 활동 기간 동안 로컬 신이라는 울타리를 벗어나 다양한 대륙의 팬들로부터 사랑을 받고 있다.

2011년 처음 나온 <Kaputt>은 인디 밴드치고 상업적으로 큰 성공을 거둔 앨범으로 기억된다. 소프트 록, 인디 팝, 그리고 아트 록 등의 요소들을 기반으로 1980년대 즈음 흘러나왔던 록 음악—음악 매거진들에서는 주로 록시 뮤직(Roxy Music)의 <Avaron>이나 스틸리 댄(Steely Dan)의 <Aja> 등을 거론했다—에 대한 노스탤지어를 자극하며 디스트로이어만의 음악적 크리에이션을 완성시킨 수작이었다.

대니얼 베하르의 아버지는 스페인 태생의 물리학자였는데, 그는 프랑코 정권 아래서 탄압을 받으며 아마도 국가의 체제에 반감을 가지고 자랐을 세대이다. 그는 기억 속에 깊이 자리한 아버지와의 추억이 프랑수아 트뤼포(François Truffaut) 감독의 영화 ≪400번의 구타(Les Quatre Cents Coups, The 400 blows)≫와 캐럴 리드(Carol Reed) 감독의 ≪제3의 사나이(The Third

Man)≫를 함께 본 것이라고 말하기도 했다. 그런 만큼 그는 유년기부터 문학, 철학, 예술 등에 자연스레 노출되며 성장해갔을 거라 짐작된다. 축적된 예술적 경험들은 이후에 그의 표현 수단이 된 음악에 풍부한 자양분이 되어 주었을 것이다. 밴쿠버에 정착한 뒤 그는 대학에서 영문학과 철학을 공부했고, 대학 방송사에서 음악에 관한 리뷰도 썼지만 결국 졸업장을 받지는 않고 학교를 그만두게 되었다. 학교 밖에서 음악 하는 친구들과 어울리며 음악 활동의 꽃을 피워 가기 시작했다.

<Kaputt>에 실린 곡들은 기본적으로 아리송한 메시지들을 늘어놓으면서도 명징한 비트와 멜로디를 구축해 때로는 미온적인 봄바람처럼 나른하고 때로는 후덥지근한 습기처럼 가슴을 답답하게 하고 때로는 차가운 밤의 한가운데에 있는 듯 쓸쓸한 여러 가지 심상들을 불러일으킨다. 슬며시 고개를 내미는 색소폰 연주와 메인 보컬과 조화 혹은 대비를 이루는 여성 백 보컬은 이 앨범을 오렌지빛의 황혼녘으로 이동시키는 중요한 열쇠인 것 같다.

Chinatown이라는 제목을 들었을 때, 고전 영화에 익숙한 사람들이라면 로만 폴란스키(Roman Polanski) 감독의 영화 ≪차이나타운(Chinatown)≫을 떠올릴 것이고 그렇지 않은 사람들은 특정 지역을 떠올릴 것이다. 혹은 나 같은 한국 사람들에게는, 오정희 소설가의 단편 소설 <중국인 거리>가 문득 떠오를지 모른다. 세계 속에 자리한 '차이나타운'은 여러 인종의 사람들에게 저마다 다른 이미지로 다가오겠지만 이 곡에서는 '차이나타

운' 밖으로 걸어 나갈 수 없는 상황을 그렸고, 그건 닫힌 세계를 의미하는 것 같다.

Suicide Demo for Kara Walker는 조형예술가 카라 워커와 공동 작업한 결과물이다. 흑인 소설가 랠프 앨리슨(Ralph Ellison)*의 작품을 참조하여 풀어냈는데, 리얼리즘 양식에 기반한 서술 속에 인종과 인권의 문제가 짙게 배어 있기 때문에 이 곡은 단순히 인디 록 밴드의 노래 가사라고 하기에는 다소 심오한 무언가로 남는다.

그에 비해 타이틀 Kaputt은 간결한 형태의 메시지를 전하며 안정적인 비트와 리듬 속에서 몽환적인 이미지를 그려내기도 한다. '덧없는 것들'을 좇으며 시간을 낭비한 Kaputt(루저)의 이야기. 사운드와 성공, 메이저 음악 매거진과의 일 등이 꿈처럼 느껴지기만 하는 구석진 곳에 서식하는 아웃사이더. 하지만 화자는 낙관적인 사람인 것 같다. 그가 희망을 가지는 바로 그 지점에서 우리는 이끌린 듯 멈춰 설 수 있고, 귀를 기울일 수도 있을 것이다.

디스트로이어의 음악을 들으면 들을수록 대니얼 베하르의 목소리는 정말 멋있지 않지만 개성적이라는 생각이 든다. 또 디스트로이어는 무엇이 좋은 음악이고 무엇이 새로운 음악인가 하고 질문했을 때 역시 가장 먼저 떠오르는 그룹은 아닐지 모른다. 그러나 <Kaputt>은 내가 오래전부터 이 앨범에 대해서 말하고 싶다고 생각해오던 것들 중 하나였다. 루저라고 하니 더 공감

* 소설 ≪보이지 않는 인간(Invisible Man)≫이란 작품이 가장 유명하며, 작가로 데뷔하기 전에는 재즈 음악 활동을 하기도 했다.

이 되는 그 시절의 내 주변과 공기들을 다시 맛보는 기분을 선사한다.

고요 속에서 더 잘 들리는

〈Quem é Quem〉 João Donato

보사노바 음악을 좋아한다고 하지만 그 유명한 <Getz/Gilberto> 앨범 외에는 딱히 소장한 게 없던 차에 이 앨범을 발견하고는 한껏 즐거운 기분이었다. 앨범에 관해 디테일하게 알지 못한 채 바라본 커버 이미지도 참 매력적으로 느껴졌다. 아웃포커싱 된 초목의 배경과 모자를 눌러 쓴 뮤지션의 모습. 왼쪽 상단의 율동감 있는 타이포그래피까지. 그는 고개를 숙이고 모자를 푹 눌러 쓰고 있는데 뒷면에 실린 커버 이미지에서는 고개를 들어 미소를 보여준다. 선해 보이고 맑아 보이는 그런 미소다. 'Quem é Quem', '누가 누구입니까(who is who)?'는 이렇게 상반된 그의 모습을 두고 하는 말일까?

1956년 나온 조앙 도나토의 첫 앨범 <Chá Dancante>는 가사 없는 기악곡들로 채워져 있다. 안토니오 카를로스 조빔(Antônio Carlos Jobim)이 이 앨범의 프로듀서로 참여했고, 아마 여기에서 보사노바 음악의 가능성들이 많이 실험되었을 것이다. 조앙 도나토는 피아노 등의 건반 악기를 능숙하고도 욕심 없는 태도로 연주하고 거기에 클라리넷 음색이 포근하게 겹쳐진다. 뭐랄까… 악기가 가진 근본적 음색과 향토적 뉘앙스를 토대로 보사노바의 씨앗과 같은 멜로디, 리듬감 그리고 감미로움이 합쳐진 듯한… 확실히 그는 보사노바 음악의 토대를 형성한 인물 중 하나로 여겨질 만하다. 그 시절 보사노바의 중심에 있던 동료 뮤지션들과의 교류도 많았으니 말이다.

그러나 역사적인 관점에서 보자면 그는 보사노바 바깥에 위치해 있던 인물이라는 생각도 든다. 보사노바 음악은 그 당시 브라질 내부로 퍼지던 가난과 경기 침체 등을 외면하는 것으로 비춰져 탄압의 대상이 되기도 했다. 보사노바 음악에 호응을 보냈던 계층은 주로 중산층의 대학생들이었고, 정치적 이벤트에 참여하라는 국가의 요구에 부응하지 않자 보사노바의 주역들은 일종의 좌파로 분류되어 검열당하고 붙잡혀 가기도 했다. 보사노바가 미국에서 호응을 얻으며 세계로 뻗어나갈 때 정작 브라질에서는 '문화적 추방의 대상'이 되어 더 우세하던 장르 Tropicália나 MPB(Música Popular Brasileira)로 가리어지게 되었고, 결국 소수자의 음악 내지는 언더그라운드가 되어버렸다. 조앙 도나토는 '보사노바 탄압'이라는 큰 흐름 속에서 미국행을 결심하게 되었다.

미국으로 건너 간 조앙 도나토는 그곳에서 13년을 머물렀다. 그러나 어떤 이유에선지 그는 아내로부터 이혼을 통보받게 되었고 딸과도 멀어지게 되었다. 그는 미국으로 건나가기 전까지 자신의 터전이었던 리오 데 자네이루로 돌아와 동료들과 함께 이 앨범을 구상했고, 차근차근 완성해 나가게 되었다. 그런 관계로 이 앨범을 보사노바의 일종으로 여기기보다는 개인적

아픔을 녹여낸 앨범으로 이해하는 것이 더 맞을 것 같다.

그는 처음으로, 그 자신에게는 거의 실험적으로, 보컬 트랙을 도입해 형제와 가까운 동료들, 그리고 자신의 목소리까지 집어넣었다. <Quem é Quem>이 보컬이 있는 보사노바 음반이라고 하더라도 A Rã에서 들려주는 노래에서 보사노바의 감미로움을 기대할 수는 없다. 개구리(The Frog)를 의미하는 이 노래는 아마존 유역의 초목이 우거진 습지 한 구역을 묘사해낸듯 빽빽이 들어찬 사운드 스케이프로 주문 같은 말장난을 되풀이한다. 그는 이름 모를 곤충이나 벌레들의 구어를 흉내 내고 있는지도 모르고, 그런 생각을 하자 여기에 드리워진 상상력이 동화처럼 환상적이고 흥미롭게 느껴지기도 했다.

Terremoto는 지진(Earthquake)을 의미한다. 일반적으로 노래에서 '지진'이라는 소재를 쉽게 사용하지 않을 것 같은데, 그는 어떻게 지진을 주제화해서 음악과 함께 이야기를 확장시켜 나가는 걸까? 궁금증이 커져 포르투갈어 가사를 영어로, 영어를 한국어로 번역해 의미를 파악해 보았다.

Ê, mamãe, com o pé na terra / Mama, with your feet on the land (엄마, 두 발을 땅에 디디고 계세요)

Ê, meu pai, com o pé no chão / Papa, with your feet on the ground (아빠, 두 발을 바닥에 대고 계세요)

Olhei pro céu / I looked at the sky (난 하늘을 바라보았어요)

Que confusão / What a mess (얼마나 엉망이던지)

Toquei no céu / I touched the sky (난 하늘에 닿았어요)

> Com o pé no chão / With your feet on the ground (두 발을 땅에 디딘 채)
> Por onde andei / Where have i been (아무런 목표도 없이)
> Sem direção / Without direction (대체 어디에 머물고 있었는지)
> Eu te verei / I will see you (당신을 보게 될 거예요)
> Com o pé no chão / With your feet on the ground (두 발을 땅에 디딘 채 말이에요)

코러스부 가사인데 별것 아닌 표현 같지만 그는 전적으로 '본질적인' 이야기를 하고 있다. 서로 폭이 큰 감정들이 한곳에 얽혀 있는 것 같다고 할까. 대개 노래 속에서 엄마, 아빠를 부르는 것은 특정한 동기에 의해서이다. 예를 들면 화자가 그들에게 직접 편지를 쓰는 형식을 취할 때, 아니면 무언가 스스로 감당하기 어려운 일을 고백하고자 할 때 절박하게 부를 수 있는 가장 그럴듯한 이름으로써 말이다. 여기에 언급된 존재가 실제의 엄마, 아빠이건 상징적 대상이건 간에 이 호칭은 제법 크고 진지한 서사를 불러올 것을 암시한다. 하늘을 보고 만져봤다는 환상적 체험의 고백, '그동안 내가 어디에 있었는지'라는 한탄과 '보게 될 거라는' 믿음. 그리고 '땅'에 발을 디디고 있다는 현실에 대한 냉정한 인식. 하늘과 땅의 연결이 여기에서 왠지 서럽게 느껴지지는 않은가. 그리고 다시 '지진'이라는 단어를 고찰해 보자. 왜, 그는 지진을 경험하기라도 한 걸까, 지진을 목격하기라도 한 걸까, 아니면 지진을 경험하는 것에 다르지 않는 '땅'에 관련된 고통을 겪었기에 그걸 우회적으로 표현하고 있는 걸까?

Amazonas의 펜더 로즈 건반 멜로디는 묘한 빛깔을 드리우고 솔로에 이를 때는 사색적인 분위기도 첨가한다. 잔잔하며 느긋함이 매력적인 Fim de Sonho(Dream End), Até Quem Sabe?(Who Knows?). Mentiras(Lies)는 여성 보컬 나나 카이미(Nana Caymmi)가 불렀다. 마치 그녀의 곡에 조앙 도나토가 피아노로 참여한 것처럼 느껴져 이 레코드에서 조금 이색적인 드랙으로 기억된다. 나나 카이미는 언뜻 엘라 피츠제럴드(Ella Fitzgerald)를 연상케 하기도 했지만 그녀의 보컬이 더 허스키하고 무게감 있다.

조앙 도나토의 아버지는 파일럿이었다고 한다. 그리고 취미로 악기 연주를 했는데 틈이 나면 아들과 함께 만돌린을 연주하고 직접 가르쳐주기도 하며 시간을 보냈던 것 같다. 조앙 도나토는 자연스럽게 음악 가까이에서 자라게 되었다. 성장하면서 그는 아버지처럼 파일럿이 되려는 꿈을 키웠다. 나중에 18세쯤 되어 그는 자신이 색맹이라는 사실을 알게 되었고, 그건 꿈이 좌절되었다는 잔혹한 통보와 같았다. 이후 그는 취미 활동이었던 음악에 몰두하게 되었다고 한다. 이제 80세가 넘었는데도 여전히 그의 음악은 진행 중이다. 한 매거진과의 인터뷰에서 그는 이런 질문을 받았다. "당신은 고요한 정적 속에서 곡 작업하길 선호한다고 한 적이 있습니다. 여전히 그런가요?" 그는 이렇게 대답했다. "맞아요. 저는 밤에 곡 작업하는 걸 더 좋아해요. 고요의 힘은 더 큽니다. 지나가는 차도, 걸려 오는 전화도, 소음도 적어요. 난 작곡이나 음악 듣기를 좋아하는 사람이고, 고요 속에서는 신의 목소리를 들을 수 있죠. 그렇기 때문에 음악적 영감을 얻고, 작사의 영감이나 단순한 아이디어들도 얻을 수 있어요. 고요 속에서 모든 걸 들을 수 있죠. 낮의 소음들 속에서는 그러기 어려워요."*

* https://revistacontinente.com.br/secoes/arquivo/-nao-me-vejo-com-80-anos-

Beats Generation

〈Geography〉 Tom Misch

톰 미쉬의 음악은 도시의 여백을 만끽하고자 하는 많은 사람들의 기대에 부응하는 멋진 여가가 되어줄 것이다. 재즈 퓨전과 젊은 감각의 힙합 비트가 혼합된 배경 사운드에 공예가의 그것 같은 섬세한 기타 리프, 그 위로 단정한 보컬을 더해 눈부신 조화를 이룬다. 석양으로 물든 금빛 거리를 보는 순간처럼, 이른 저녁의 시간이 선사하는 여유와 부드러움에 취해도 좋을 것이다.

그는 어린 시절부터 바이올린을 배웠고 결국 기타를 손에 쥐게 되었다. 음악학교에 진학해 본격적으로 음악을 공부하기 시작했다. 하지만 재즈의 숨결에 목말랐던 그에게 아카데믹한 환경은 그리 견딜 만한 것이 되지 못했다. 결국 그는 학업을 중단하고 음악의 '현장' 속으로 뛰어들었다. 약간 '반골 기질' 같지만 셀프-데뷔와 메이저 자본을 의식하지 않는 자유로운 태도는 그러한 가치들을 '어렵게 여기지 않는' 그의 사고방식을 반증하는 것 같다. 예술가 집안이라는 환경의 영향도 있었을 것이다. 그의 누나 로라도 음악가이고 어머니 캐롤은 비주얼 아티스트로 이 앨범의 아트워크를 담당하기도 했다.

톰 미쉬는 2012년 사운드클라우드를 통해 자신의 음악을 세상에 알린 후 2018년 정규 앨범 <Geography>를 내놓았다. 그 전에 나온 <Beat Tape> 1–2에서는 칠아웃(chill-out) 무드의 감성적 비트 메이킹 컬렉션을 구축했고, <What Kinda Music>에서는 드러머 유세프 데이스(Yussef Dayes)와 함께 재즈 음악을 탐구하며 음악적 지평을 더욱 확장했다. 이러한 작업들은 그를 단순히 '재즈 기타리스트'의 범주에 머무르게 하지 않으려고 하는 것 같다. 그 가운데 <Geography>는 그의 음악성을 가장 잘 보여주면서도 보편적으로 듣기에도 좋은 앨범으로 눈길을 끈다.

Before Paris는 짧고 간결한 스케치의 인트로 곡이다. 도입부의 의미심장한 내레이션과 함께 순식간에 무언가가 타올랐다가 꺼져버리는 찰나를 묘사한 듯하다. 이 메시지는 재즈 트럼페터 로이 하그로브(Roy Hargrove)의 인터뷰에서 가져온 샘플로 예술에 관한 그의 견해를 들려준다. 그는 돈을 좇아 하는 일이 아니라 마음에서 우러나와서 할 수 있는 행위로서의 예술에 대해 말한다.

인상적인 바이올린 리드와 뒤를 잇는 베이스의 그루비한 멜로디. 여백과 감흥, 장식이 서로 충돌하며 경쾌하고 유쾌해지는 South of the River. 홈비디오들을 대충 연결해 편집한 것 같은, DIY 느낌의 뮤직비디오에는 다양한 인종의 사람들이 등장해 자신만의 춤과 자유로운 제스처를 보여준다.

Movie는 무심결에 듣고 즉각적으로 끌려버린 곡이었다. 영화의 한 장면에서 발췌한 내레이션과 늘어진 템포 사이를 유영하는 듯한 블루지한 기타 리프로 시작되는 이 곡은 알면 알수록 놀라워지는 곡이기도 하다. 그것은 뮤직비디오와 함께 이 곡에 관해 말해야 하는 이유인데, 도입부 내레이션은 옛 고전 영화 ≪밀회(Brief Encounter)≫ 스크립트의 일부로 톰 미쉬의 누이 폴리(Polly)의 목소리로 녹음한 것이다. 뮤직비디오 속에 상영되는 흑백 영화의 조각들에는 그의 조부모의 사적이고 꾸밈없는 모습들이 담겨 있다. 2차 세계대전을 지나고 어수선한 분위기 속에서 두 사람이 사랑을 지켜나가기도 그리 쉽지는 않았지만 필름은 연인과 가족이라는 공동체의 존속을 일상에 대한 포착으로 담아냈다. 사랑을 지켜낸 흔적인 옛 필름이 그에게 음악적 영감으로 작용했다. 유난히 느린 템포의 Movie는 세월이 흐를수록 가치가 더해지는 고전의 품격으로 어필하고 있다.

라틴 재즈를 현대적으로 해석한 듯한 It Runs Through Me에서는 힙합 그룹 데 라 소울(De La Soul)이 참여해 랩을 들려주기도 한다. 노스탤지어를 자극하는 기타 리프도, 어쿠스틱 피아노로 마무리되는 후반부까지 탄탄한 구성감을 유지하는 흥미로운 트랙이다. 그러니까 그의 음악적 요소들을 하나씩 따로 떼내어 분석하면 그 기원에 해당하는 특성들을 파악할 수 있겠지만, 그런 일은 무의미하다는 생각이 든다. 그는 여러 장르를 하나로 뒤섞어 버렸는데 개별적 장르 본연의 색채를 그대로 가져왔다기보다는 톰 미쉬만의 음악적 필터를 거치며 기입했기에 서로 다른 그것들이 아주 조화롭게 들린다. 그래서 그의 음악 속에서 단순히 그를 재즈 기타리스트, 보컬리스트의 범주에 머물게 하지 않는, 자신의 음악을 세심히 다듬어내는 음악 스페셜리스트로서의 능력도 읽어낼 수 있었던 것 같다.

음악이 도시 속에서 여러 개의 길로 흘러간다면, 어떤 음악은 고층 빌딩과 아파트 사이에서 절규를 하는 것 같고, 어떤 음악은 버스정류장에서 하염없이 누군가를 기다린다. 어떤 음악은 친구들과 수다를 떠는 순간처럼 흥미진진하고 또 어떤 음악은 문득 혼자인 나를 깨닫게 만든다. 그리고 그런 나를 위로하는 음악이 얼마간 내 곁에 와 머물 때도 있다. 톰 미쉬의 음악은 어떤 길로 흘러갈까? 도시의 여러 갈래 길 가운데 낭만으로 물든 길, 꽃이 피어난 길. 사람들이 잘 모르지만 우리는 아는 길… 어떤 길이든 당신만의 것이 되기를.

꾸준히 좋아하는 밴드

〈Weezer(Green)〉 Weezer

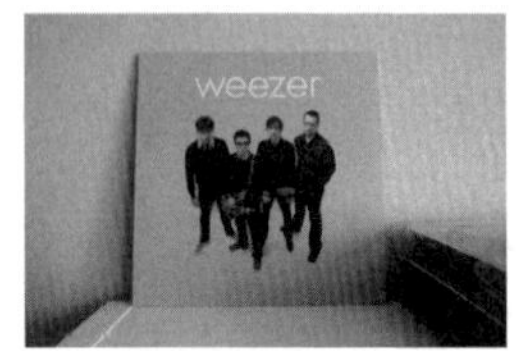

오래전에 <Pinkerton> CD를 샀다. 어디에서 샀는지 또렷하게 기억난다. 타워 레코드 매장이었다. 지금은 없어진 지 오래지만 그곳에 대한 기억들은 아직도 선명히 남아 있다. 대비를 이루던 빨강과 노랑의 로고처럼 선명히. 더 오래 머물러 줬으면 좋았을 텐데 그곳은 애석하게도 내가 정을 붙여 보려고 한 뒤 얼마 지나지 않아 문을 닫고 말았다. 지금 내 기억이 이렇게 선명히 남아 있는 까닭은, 거기에서 직접 구매한 레코드가 남아 있기 때문은 아닐까. 나는 그때의 기억 한 조각을 소장하고 있으니, 오래된 레코드란 참 매력적인 물건이다.

<Pinkerton>에서 어쿠스틱한 톤이 물든 사운드와 리버스 쿼모(Rivers Cuomo)의 클리어한 목소리를 듣는 일이 즐거웠다. 무엇보다 인상적이었던 것은 우키요에* 아트워크와 손글씨로 쓰인 투박함이었다. 위저의 두 번째 앨범 <Pinkerton>이 언급하거나 반영하고 있는 일본계 여성과의 관계와 개인적인 이야기들은 이모(Emo) 코어라 불리는 장르의 대표적 예로 거론되기도 한다. 하지만, 다소 사적이고 소박한 뉘앙스를 내보이는

---

* 17-20세기 사이 일본에서 그려지던 풍속화의 일종

<Pinkerton>은 첫 앨범 <Weezer(blue)>의 성공을 따라잡기 어려웠고, 첫 앨범의 성과를 기대했던 이들에겐 실망감을 안겨 주기도 했다. 2집의 제작 배경에는 리버스 쿼모의 개인적인 사정도 자리해 있었다. 그는 첫 앨범의 성공으로 얻게 된 돈으로 다리 수술을 했고, 회복의 시간이 절실히 필요했다. 그는 대중들로부터 멀어져 휴식기를 가지고 싶었고 다시 학교로 돌아가 학업에 몰두하기로 했다. <Pinkerton>은 대부분 이 시기에 만들어진 것들이었다.

그리고 5년이 흐른 뒤, 위저는 다시 처음으로 돌아간 것 같은 셀프 타이틀 앨범을 내놓았다. 처음 것이 'Blue'였다면 이번에는 'Green'이었다. 그 후에도 위저는 셀프 타이틀 앨범을 계속해서 내놓고 있다. Red, White, Black… 그러니까 앞으로 또 어떤 색이 추가될지는 모를 일이다. 위저의 많은 셀프 타이틀 앨범들 가운데 Green은 <Pinkerton>에서 놓친 것들을 만회하고자 하는 야심작이 되었다. <Pinkerton>을 통해 뮤지션으로서의 개인적 욕구를 어느 정도 채웠을지 모르지만 리버스 쿼모는 그것이 밴드 위저의 궁극적인 색채가 아님을 잘 알았던 것 같다. 여기에서는 일반적으로 잘 와닿을 수 있는 이야기들로 곡들을 구성했다. 결과는 대성공이었다. 음악은 더 명쾌해지고 더 파워풀해지고 더 간결해진 채 완성되었다.

리버스 쿼모의 영한 느낌의 보컬 때문인지, 아니면 사랑에 관한 이야기를 그리고 있기 때문인지 Don't Let Go와 Photograph는 하이틴 풍경을 연상케 한다. 십 대 혹은 이십 대 시절의 풋풋한 경험들, 사랑과 세상에 대해 자기만의 방식으로 이해하고 규정하는 그런 느낌이 묻어난다고 할까. 웬만큼 세상을 경험하고 세상을 안다고 느끼기에 스스로 내리는 규정이 훗날 어떤 계기에 의해 산산이 부서진다 해도 나쁠 것 없다. 일렉 기타의 잔향 가득한 특유의 사운드와 장맛비처럼 시원히 쏟아지는 보컬. 듣기만 해도 흥이 나고 기분 좋아지는 트랙들임에 틀림없다.

Hash Pipe는 상당히 볼드한 트랙이다. 정식으로 Green 앨범이 형체를 드러내기 전 그룹은 세 번의 싱글을 발표했는데, Hash Pipe는 첫 번째 싱글 발표 곡이었다. 위키에 의하면 이 곡을 첫 싱글로 내세웠던 리버스와 레이블 관계자들 사이에 의견 충돌이 있었다고 한다. 왜냐하면 이 곡은 산타 모니카 부근에서 여장을 하고 매춘 행위를 하던 남성들에 영감을 얻어 쓰였고 레이블은 그러한 과감한 제스처에 태클을 걸었던 것이다. 레이블로서는 그룹이 첫 싱글로 내세웠던 Don’t Let Go 분위기로 위저의 새 앨범을 홍보하며 음반의 판매고를 더 높이고 싶었을 것이고, 그룹은 자신들의 음악성을 보다 선명히 제시하는 것에 더 큰 목적을 두었을 테니 말이다. 하지만 그러한 갈등과 대립의 과정을 거쳐 결국 이 곡은 첫 싱글로 발표되었다. 전략적인 냄새가 많이 나지만 과하지는 않아 스릴 있게 즐길 수 있는 곡이라 생각된다. 가사에서는 사회의 암흑에 맞닿은 채 살아가는 존재가 가질 만한 비아냥과 멸시가 잘 드러나 있다. 삶이 고달프고 지리멸렬한 존재에게 해시 파이프란 마치 사막의 오아시스와도 같은 자기만의 황금 같은 도피와 휴식이 아닐지.

당신이 위저를 모른다 해도 Island in the Sun은 한번쯤 들어보았을지 모른다. Hash Pipe의 볼드한 터치에서 한발 물러나 한템포 쉬어갈 틈을 마련하기도 한다. 이 곡의 뮤직비디오를 감상하는 것도 참 재미있다. 뮤직비디오는 두 가지 버전이 있는데 하나는 멕시코 커플의 결혼식 에피소드를 중심으로 촬영된 것이고, 다른 하나는 스파이크 존즈(Spike Jonze) 감독이 LA 부근의 한 외딴 언덕에서 촬영한 것이다. 멤버들이 악기를 손에서 내려놓고 동물들과 함께 장난을 치거나 어린 동물들을 돌보며 자연 속에서 휴식을 취하는 모습을 담고 있다.

위저는 위키피디아를 비틀어 모방한 weezerpedia라는 사이트를 소유하고 운영하고 있다. 이 글을 쓰기 위해 참조한 자료들도 대부분 이 웹사이트에서 얻은 것들이었다. 참, 위트 있는 분들이다. 커버 앨범 'Teal'의 Africa 뮤직비디오만 해도 그렇다. 그룹 토토(Toto)의 원곡을 위저만의 느낌으로 재해석했는데 여기에선 패러디 음악가 위어드 알 얀코빅("Weird Al" Yankovic)이 리버스 쿼모를 흉내내고 있다. 그 사실을 몰랐다면 리버스 쿼모가 (거의 모든 면에서) 꽤나 어색하네…라는 생각만 들 것이다. 며칠 전 밤에는 <Ok Human>의 All My Favorite Songs를 따라 부르고, 타이니 데스크 콘서트(Tiny Desk Concerts) 위저 편을 보며 저녁 시간을 보냈다. 그런데 이 글은 분명 타워 레코드와 거기에서 산 앨범 <Pinkerton>으로 시작됐는데… 책장에서 <Pinkerton> CD를 꺼냈을 때, 추억도 같이 흘러나왔을 것이다.

내가 정말로 '꺼낸' 것은 일종의 '링크'였다. 옛날과 오늘을 연결하는 링크. 오래된 레코드란 생각보다 더 아름다운 것이다.

패배는 아름다워

〈Lost in the Dream〉 The War on Drugs

워 온 드럭스 "War on Drugs"는 미국에서 불법 마약류 거래를 줄이기 위해 정부가 내놓은 정책의 명칭이다. 꽤나 민감한 타이틀이지만 이 그룹이 다루는 노래들이 그렇게 정치적인 것은 아니다. 그저 개인이 치르는 마약, 혹은 '마약'의 자리에 들어갈 수 있는 다른 모든 '전쟁의 대상'들에 대항하는 듯 개인적이고 내면적인 가사들이 주를 이룬다. 잔향감이 깃든 기타와 안개처럼 어른거리는 사운드 풍경, 대체로 차분하지만 때때로 긴박함으로 돌파해 가는 음악, 과거의 향수를 불러일으키면서 새로움을 놓치지 않는 더 워 온 드럭스의 음악은 얼터너티브-인디 음악 마니아들의 귀를 사로잡기에 충분했다.

더 워 온 드럭스의 주요 멤버, 그러니까 보컬, 기타, 송라이팅 등을 담당하는 아담 그랜두시엘(Adam Granducial)은 엄밀히 말해 어려서부터 음악을 접하고 악기를 다뤄 온 음악가는 아니다. 그는 개인주의적 삶이 중요시되던 가정에서 자랐고 미술에 흥미를 보여 화가가 되기를 결심하며 학업을 해나가기도 했다. 청소년기부터 기타를 다루긴 했지만 거기에 깊이 빠져들진 않았다. 음악은 그가 페인팅 작업을 할 때 배경처럼 흘러나오던 것에 가까웠다.

그는 5–60년대 샌프란시스코 베이(Bay) 지역을 중심으로 형성되어 꽃피운 추상 표현주의 그림에 대한 동경으로 친구와 훌쩍 '페인팅 여행'을 떠났고 그건 일종의 방랑이 되었다. 앨범 제작과 투어라는 뮤지션의 직업 환경을 고려해 볼 때 그건 앞으로 더 워 온 드럭스라는 이름으로 행해질 방랑의 시작점으로 볼 수 있었다. 애초의 목적이었던 그림 작업은 산문과 짧은 시들을 써내는 시간으로 서서히 변해갔다. 그 과정에서 그는 음악에 대한 가능성을 발견했을 것이다. 이후 필라델피아로 돌아와서는 커트 바일(Kurt Vile)을 만나 교류하게 되었고 더 워 온 드럭스의 음악이 본격적으로 구축되기 시작했다.

유년기를 지나던 무렵 보스턴에 머물 때 프랑스어 교사가 그의 이름 Gran-of-sky—그의 아버지 마크 그라노프스키(Mark Granofsky)는 유대계 러시아인으로 미국 이민자였고 아들의 이름을 Adam Granofsky로 지었다—를 문자 그대로 프랑스어로 바꾸면 Gran-du-ciel이 된다고 알려주었다. 그는 Granduciel이라는 이름이 마음에 들었다. 첫 데모 테이프를 만들어 레이블에 보낼 때 Granduciel이라는 가명을 썼다. 그런데 그가 데모 테이프를 보낼 때 가명을 쓴 라벨을 붙인 데에는 음악을 만들고 그것을 공유하는 일에 대해 걱정하고 염려하는 불안이 전제했다. 그는 자신을 위장하기 위한 용도로 가명 쓰기를 선택했다고 말했다. 이러한 기질은 몇 차례의 앨범 발표와 공연 후에도 사그라들지 않았던 것 같다. 잠재된 그의 소극적인 기질은 오랜 연인과의 결별이라는 큰 사건을 겪은 후 그를 집어삼켜 버리고 말았다. 더 워 온 드럭스의 3집 <Lost in the Dream>을 작업하기 전에 그는 불안과 고독감, 우울증에 시달리고 있었다. 하지만 음악에 대한 의지는 임시방편의 생활 환경이 되어버린 침대, 담요 속에 파묻힌 그를 밖으로 걸어 나오게 만드는 유일한 동기였다. 적어도 음악, 거기엔 희망이 있어 보였다.

Under the Pressure에서 화자는 압박 속에서 취해 버티지만 현실에 대한 또렷한 자각을 가지고 있다. 그건 이 노래가 Red eyes, 눈물을 그친 뒤 부은 눈으로 쓰였음을 의미한다. 사이키델릭 성향이 은은하게 밴 이 노래는 한 점의 추상화를 보는 듯한 기분을 선사한다. Red Eyes에서는 혼돈과 불안의 중얼거림 속에서 어렴풋한 희망과 의지가 떠오른다. 남용 당한 신념(abuse my faith)에 대한 분노를 빠르고 빈틈없게 돌파해간다. Disappearing은 Destroyer의 <Kaputt>에서 거론되기도 했던 80년대 음악 Roxy Music의 <Avalon>을 연상케 해 향수 어린 곡이란 생각이 들었다. 복고풍의 드럼 비트 뒤로 스며든 노이즈가 몽환적으로 느껴져 좋았다. 이런 섬세한 터치는 아담 그란두시엘이 음악가가 되기를 결심하기 전 미술을 해왔던 이력을 돌아보게 만들기에 충분했던 것 같다.

그리고 오래전부터 내가 가장 좋아했던 곡 Lost in the Dream은 잔잔한 강물 위를 떠가는 작은 배의 이미지로 다가온다. 도입부에서 기타 아르페지오와 하모니카, 비트의 커뮤니케이션이 인상적이다. "꿈속에서 길을 잃었는지, 아니면 잠깐 침묵에 빠져든 걸까?" 그의 이야기는 포크 가수처럼 내추럴하고 진솔하게 느껴진다.

파리지엔 시크의 원조

〈Tous les Garçons et les Filles〉 Françoise Hardy

프랑수아즈 아르디가 데뷔 앨범 <Tous les Garçons et les Filles>을 발표한 시기는 1962년이었다. 디스크 보그(Disques Vogue) 레이블과 계약하고 싱글 발표를 한 뒤에. 사실 표제곡 Tous les Garçons et les Filles는 다소 침울한 분위기였기 때문에 레이블에서 그리 내세우고 싶은 곡이 아니었다. 그래서 미국 로큰롤 가수 바비 리 트레멜(Bobby Lee Trammell)의 Uh-oh를 프랑수아즈 아르디만의 색깔로 커버한 것을 수록해 <J'Suis D'Accord>를 7인치 싱글로 발표했다. 그건 전부터 재즈 레코드 제작을 전담해왔던 레이블 성격에 잘 부합하는 디렉션이었다. 그리고 나중에 Tous les Garçons et les Filles 뮤직비디오가 텔레비전을 통해 방영되면서 십 대 청소년들의 마음을 뒤흔들었다. 결국 프랑수아즈 아르디의 첫 스튜디오 앨범은 이 곡을 타이틀로 삼게 되었다.

시간이 흐르며 디스크 보그는 합병되어 사라지고 지금은 보그의 카탈로그들 일부가 소니의 소유가 되어 있다. 이 앨범은 옛 커버와 보그 로고까지 그대로 재현해 리이슈 된 것이다(2017년산).

1960년대 초반 프랑스에서는 ye-ye 웨이브, 혹은 무브먼트가 확산되어 대중들로부터 자유롭게 향유되고 있었다. 'ye-ye'라는 명칭이 비틀즈의 곡들 가운데 It Won't Be Long이나 She Loves You의 코러스 'yeah, yeah, yeah'에서 따온 것일 만큼 이 무브먼트는 영국이나 미국의 대중문화로부터 직접적인 영향을 받았음을 시사하고 있었다. ye-ye 음악들은 1950–60년대 사이 전통적 분위기의 샹송 음악들에 비해 확실히 밝고 경쾌한 느낌을 준다. 이 장르에 대해 궁금해져 유튜브에서 몇 가지 샘플들을 찾아 들어보았는데, 가장 대표적인 여가수 프랑스 갈(France Gall)과 브리지트 바르도(Brigitte Bardot), 실비 바르탕(Sylvie Vartan) 등을 들어보면 그 특색을 쉽게 캐치할 수 있을 것이다. 프랑수아즈 아르디도 ye-ye에 속하는 아티스트였지만, ye-ye의 전반적 경향과는 조금 다른 성격을 내비쳤다고 할 수 있다. 프랑스 갈은 세르주 갱스부르(Serge Gainsbourg)의 지휘 하에 인형처럼 예쁜 모습과 목소리로 노래했지만 프랑수아즈 아르디는 기성 작곡가들의 간섭을 받지 않고 스스로 곡을 쓰며 송라이터로서 입지를 굳혀갔다.

그녀는 음악뿐만 아니라 패션에서도 주목받아 입생로랑(YSL), 파코라반(Paco Rabanne) 등의 디자이너들의 뮤즈가 되기도 했다. 60년대 영국의 반문화 스윙잉 런던(swinging london)에서도 패션은 아주 중요한 사상의 표출 수단이었는데, 프랑수아즈 아르디의 스타일이 거기에 영향을 미치기도 했다. 물론 그녀가 음악계에 미친 영향 또한 지대하다. 카렌 앤(Karen Ann), 카를라 부르니(Carla Bruni) 등의 프랑스어권 가수들뿐만 아니라 스테레오랩(Stereolab)의 레티샤 사디에(Lætitia Sadier), 캣 파워(Cat Power) 등… 이 앨범의 영향을 받지 않은 뮤지션은 아마 거의 없을 것이라 보는 편이 좋을 것 같다.

첫 트랙 Tous les Garçons et les Filles는 누구나 들으면 알 법한 아주 익숙한 곡이라 짐작된다. All the Boys and Girls를 의미하는 이 노래의 가사는 거리의 연인들을 바라보며 자신은 혼자임을 깨닫는 순간을 기록하고 있다. 그녀는 지나가는 커플들을 보며 아무도 자신에게 사랑을 속삭이지 않는 외로움을 견딘다. 그래도 자신이 사랑받는 날이 올 거라는 희망을 가지면서 말이다. 건조하기 그지없는, 그야말로 레트로 자체였을 건반 연주로 시작되는 이 곡은, 마치 지루함은 내 몫이라는 듯, 별다른 클라이맥스도 없이 이어지는 단조로움으로 이야기를 끌고 가지만 적당히 짧은 곡 길이로 여운을 남기며 끝을 맺는다.

저음부의 허밍과 멜랑콜리한 멜로디가 인상적인 La Fille Avec Toi의 부드럽고 따스한 목소리 속에 비애감이 가득 묻어난다. 가사가 어떻든 보컬을 더욱 강조하는 심플하고 간결한 사운드는 일품이다. Oh oh chéri에서는 흥겨운 리듬감으로 사랑의 감정을 노래해 가득 담고 있어 전환점이 되는 것 같다. 원곡에서 '어-어' 하는 감탄사를 끊으며 딸꾹질하는 것처럼 표현하는 것이 특징인데 프랑수아즈 아르디의 빈틈없는 커버가 참 흥미롭다. Le temps de l'amour는 나중에 그녀의 남편이 된 자크 뒤트롱(Jacques Dutronc)이 썼고 그래서 색채가 조금 다르다고 볼 수 있다. 앞선 곡들에선 드럼을 거의 볼 수 없었지만 여기에서는 드럼 비트와 함께 제법 무거운 톤으로 전개되며 웨스턴 느낌의 사이키델릭한 기타 연주를 덧입혔다. Tous les Garçons et les Filles가 없었다면 아마 이 곡이 타이틀이 되지 않았을까? 싶은, 구조적인 면에서 완성도를 지니는, 뭔가 프랑스 특유의 지성이 묻어나는 듯한 트랙으로 여겨지기도 했다. 이색적인 매력이 감도는 이 트랙은 독특한 감각의 개성파 영화감독 웨스 앤더슨(Wes Anderson)의 ≪문라이즈 킹덤(Moonrise Kingdom)≫에 삽입되기도 했다.

1960년대에 처음 나온 이 앨범이 여전히 영향력을 발휘하는 것은 아마도 이 앨범이 가진 근원적 정서와 감각 때문이 아닐까. 대중적 취향이나 트렌드를 고려하기보단 개인적 감정을 무심히 토로하며 공감을 이끌어 냈고 그녀의 스타일링에선 시크한 세련미가 물씬 풍긴다. 커버 사진 속의 그녀는 검은색 니트와 바랜 스웨이드 재킷을 입고 있다. 금빛 머리칼은 바람에 흩날리는데, 나는 바람에 흩날리는 것이 머리칼 한 올 한 올이 아니라 몇 개의 가닥이라는 점에 주목했다. 그녀의 옷차림과 스타일링에선 서정적이고 여성스러운 이미지보다 가공된 것, 드라이함, 젠더리스 이미지가 묻어난다. 입술 색이 매트한 코랄색이라는 것, 그녀가 들고 있는 것이 모자나 백 등이 아닌 우산이라는 것, 그리고 그 우산이 검은색이라는 것도 결코 간과할 수 없는 부분이었다. 그녀는 흑백 누벨바그 영화에서 총천연색 세상으로 막 튀어나온 여배우, 조금도 비가 내릴 것 같지 않은데 검은색 우산을 쓰고 그건 마치 햇볕을 피하기 위해서라는 듯한 자기만의 논리를 내세우는 것 같다.

블루베리가 흐르는 곳

〈Come away with Me〉 Norah Jones

2002년 처음 나온 노라 존스의 <Come away with Me>가 발매 20주년을 맞았고, 얼마 전 블루노트를 통해 기념반이 나왔다. 종종 이 음반을 들으며 세련되고 앳되지만 블루스 감성이 짙게 배어든 그녀의 노래에 취해 황홀해지던 순간들을 떠올려 보면, 노라 존스의 첫 앨범이자 여성 재즈 보컬리스트 앨범들 가운데 스테디셀러로 자리한 이 레코드를 놓칠 수는 없는 노릇이었다. 앨범 발표 전 첫 싱글로 나왔던 Don't Know Why는 한동안 거리나 카페 등지에서 자주 들려왔던 기억이 난다.

노라 존스는 인도 출신 시타르 연주자 라비 샹카르(Ravi Shankar)의 딸이지만, 아버지와는 조금 다른 방향의 길을 걸었다. 라비 샹카르는 비틀즈(The Beatles), 필립 글래스(Philip Glass) 등 걸출한 뮤지션들의 스승 역할을 했지만 딸에게는 그들에게와 같은 음악적 스승이 되지는 않았다. 그녀는 콘서트 프로듀서로 일했던 어머니의 영향을 더 많이 받았다. 재즈 피아노, 재즈 보컬 등의 강의를 들으며 학업을 마치고 음악 동료들을 만나 함께 작업하며 라운지 싱어로 재즈바에서 노래하는 무명기를 거쳤다. 서정적 감성의 재즈 피아니스트 빌 에반스(Bill

Evans)나 빌리 홀리데이(Billie Holiday) 등의 뮤지션들을 좋아했던 만큼 그녀의 음악에 그런 영향이 묻어난다고 볼 수 있을 것이다.

크레딧을 살펴보니 여러 뮤지션들이 작곡에 참여했고, 오래전 발표된 원곡들을 새롭게 편곡해 부른 것들도 보였다. 주로 컨트리 음악들을 가져왔는데, 그 가운데에서 다소 놀랐던 부분은 Don't Know Why도 원곡이 따로 있다는 점이었다. 1999년 나온 Jesse Harris & the Ferdinandos라는 그룹의 앨범에 수록되어 있던 것이었는데, 그룹의 주축 인물 제시 해리스(Jesse Harris)가 쓴 곡이었다. 노라 존스는 대학 시절 제시 해리스와 처음 만났다. 결국 그 관계는 그녀의 첫 앨범 <Come away with Me>로 이어졌고, 그는 이후에도 그녀의 앨범 제작에 관여해오고 있다. 어찌할 도리 없는 엇갈림에 대해 반추하며 약간 센티멘털해진 감정을 그리고 있는 Don't Know Why. '내 마음은 와인에 흠뻑 젖어 버리고 당신은 영원히 내 기억 속에 살아가겠죠(my heart is drenched in wine / but you'll be on my mind forever)', 별 것 아닌 이 이야기에 괜히 가슴이 뭉클해지기도 한다. 그녀의 노래에 별다른 테크닉이 발휘되는 것 같지 않고 자연스럽기만 하지만, 발성과 악센트의 포인트가 탄성을 자아내는 보컬은 역시 잘 다져진 기본기에서 발현된 솜씨가 아닐까 싶다. 젊은 나이였음에도 감정적 균형을 잘 유지하고 있어 베테랑 같은 여유가 느껴지기도 했다.

Come away with Me는 그녀가 내미는 몽환적인 초대장이다. 이 초대장을 열면 거기엔 이렇게 쓰여 있다. “나와 같이 갈래? 그곳에서는 사람들이 위선으로 우리를 기만하지 않고, 그곳에 가면 무릎까지 오는 노란 잔디가 자라지. 그러니 나와 같이 거기에 가지 않을래? 어느 구름 낀 날에, 나와 함께 걷지 않을래?”

이 곡을 들으면 차를 타고 캘리포니아 사막 지역을 지나가는 뮤직비니오의 장면들이 절로 떠오른다. 시선을 사로잡는 특별한 무언가가 없는데도 왜 이렇게 마음이 동요되는 걸까? 나는 영화 ≪마이 블루베리 나이츠(My Blueberry Nights)≫를 떠올리고 있었다. 두 주인공 제레미와 엘리자베스 사이에, 그들이 멀리 떨어져 있어도 이어지던 설렘과 왕가위 감독 영화만의 소품적 이미지들과 이야기를 풀어나가는 방식. 이 뮤직비디오가 마치 ≪마이 블루베리 나이츠≫의 이전 이야기에 해당하는 프리퀄처럼 느껴지기도 했다.

Lonestar는 방랑하는 자와 그걸 바라보는 자의 외로움을 담은 것 같다. 그리고 그 외로움을 위무하는 것이다. 전반적으로 이 앨범의 이야기들이 보헤미안적 이미지를 그려내거나 그것을 보듬어 주고 있고, 거기에서 생겨나는 온기가 이 앨범에 대해 쉽게 달라지지 않는 선호를 만들어내는 것 같다고 생각했다.

Painter Song은 유난히 아프게 다가오는 곡이었다. ‘내가 만일 화가라면 난 내 몽상을 그리고, 난 내 기억을 그릴 거예요’, 여기엔 한 가지 전제가 붙는다. ‘그것이 우리가 예전처럼 함께하는 유일한 방법이라면’이라는 것. 그리고 화자는 ‘소용돌이치는 하늘로 올라가 당신 곁에 머물겠다’고 한다. 그러니 이 노래는 죽음으로 멀어진 대상을 그리워하고 있는 것이다. 이제 존재하지 않는 대상을 그림으로 그리면 곁에 둘 수 있을까. 그림으로, 음악으로 존재하지 않는 것들을 곁에 두거나 추억하는 그런 일이 예술적 창작 행위의 본질은 아닐까 하는 생각이 스쳤다. 그렇게 멀어진 누군가를 위로하는 이 노래에 비해 One Flight Down은 조금 더 다정하다. 겨우 촛불 하나만 켠 듯 소박한 밝음과 따스함이지만 대상의 몸속에 퍼진 애수를 헤아리고 어루만지는 듯하다.

아마도 이 레코드가 가진 위로하고 달래는 힘이 그 당시 많은 사람들의 마음을 사로잡지 않았을까 한다. 상처 입은 마음을 안고 여기에 머물러 치유받게 된다면 그녀는 마음의 상처를 치료하는 나이팅게일(Nightingale)에 다름 아닐지 모른다. 사랑을 말하지 않고 사랑을 베푸는 것 같은, 사랑이 아니라 사랑이란 이름의 사명을 다하는 것 같은 이야기. 음악에서 그런 것을 경험할 수 있을 때 그건 언제나 환영받을 것이다.

어깨 쪽이 해진 유명한 푸른 비옷 속에 사랑과 증오를 감추고

〈Songs of Love and Hate〉 Leonard Cohen

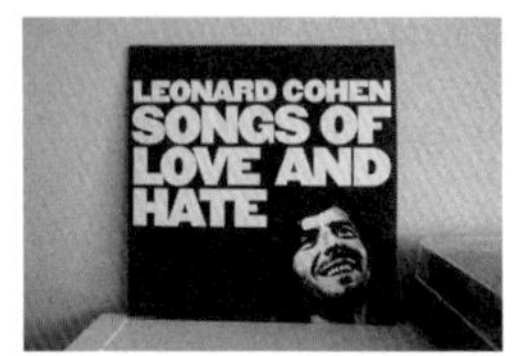

캐나다의 싱어송라이터 레너드 코헨은 시와 소설 등의 문학 작품을 접하며 글쓰기에 익숙한 성장 환경을 거쳤다. 지금 우리에게는 뮤지션으로서 더 잘 알려져 있지만, 그가 음악 커리어를 본격적으로 시작한 것은 1960년대 후반으로 서른이 넘은 나이였다. 데뷔를 하기엔 분명 늦은 감이 있었지만 십 대 시절부터 꾸준히 쌓아온 문학적 감성이 그가 음악으로 전향했을 때 더욱 빛을 발하는 결과를 낳은 것 같다. 레너드 코헨은 잘 풀리지 않지만 그 자체로 아름답거나 가슴을 시리게 하는 시적 뉘앙스가 풍부한 곡들을 많이 남겼다. 그의 음악세계를 구축해가는 데 있어 자양분이 된 것은 문학 외에도 종교적 분위기로 가득한 가정 환경과 그 자신의 종교적 신념을 들 수도 있다. 그는 캐나다 몬트리올에서 유대교의 기반을 확립시킨 랍비의 후손으로 태어났고 평생 자신의 혈통과 유대교 신념을 안고 살아갔다. 그의 시, 그리고 가사 속에는 성경에 등장하는 인물이나 그에 관한 레퍼런스가 풍부하다 못해 골격을 이룬다고 할 수 있다. 요즘처럼 물질문명이 발달하고 많은 것들이 가볍게 소비되며 급속히 변화하고 잊혀지는 시대 속에서, 또한 많은 불신과 혼돈 속에서 종교적 신념을 가지는 일은 중요하고 또 존중받을 만하다. 자신의 신념에 따라 올곧음을 지키고 실천하며 살아가는 일이 거의 종교적 수행에 가까워 보일 때가 있다. 아마 그가 자신의 삶을 스스로 '살아내고', 삶이 스쳐간 곳에 일어난 불꽃들을 노래로 기록했기에 지금까지도 많은 사람들이 그의 음악을 추억하고 찾는 것이 아닐까. 그렇다면 음악을 찾는 일도 무신론자에게는 하나의 '진리'가 될 수 있지 않을까 한다.

내가 소장한 레너드 코헨의 3집 앨범 <Songs of Love and Hate> 레코드는 2021년 나온 리이슈반이지만, 오리지널은 1971년 발매가 이루어졌다. 두께감이 있는 흰 글씨가 도드라져 온통 블랙인 배경을 장악하고 있다. 사랑과 증오의 노래들이란 제목만 접해도 여기에 실린 이야기들의 무게에 대해 짐작할 수 있을 것이다. 겉으로 드러나던 어두운 첫인상이 레코드를 턴테이블 위에 올렸을 때도 고스란히 이야기로 풀려나온다. 첫 곡 Avalanche부터 어둡고 음산한 분위기를 물씬 풍긴다. 저음의 보이스는 노래라기보다는 마치 시를 낭송하는 것에 가깝고 사운드도 기타 리프를 반복하면서 멜로디보다 무드를 형성하는 데 주력하고 있어 시와 사운드가 합쳐진 퍼포먼스처럼 느껴지기도 한다. 대중성에 기대기보다 자신의 예술성 그리고 작품성을 담아내려 한 의지가 잘 살아났다.

Dress Rehearsal Rag는 투박한 기타 스트로크와 함께 한 편의 서사시와 같은 노랫말을 읊는다. Diamonds in the Mine에서도 절망적인 분위기는 이어진다. 가사에 그려진 이러한 절망들은 그 당시 그의 눈에 비친 세상의 모습이 아니었을까. 하지만 이 곡에서는 엄숙한 분위기보다 언뜻 위트 있는 뉘앙스를 내비친다. 어느 허름한 블루스 클럽에서 취한 연주자들이 호흡을 맞추는 듯한 허술함이 유머러스하게 그려졌다.

레코드를 뒤집으면, 그 유명한 곡 Famous Blue Raincoat를 만날 수 있다. 편지 형식으로 서술해 더욱 내밀하게 들려오는 이야기들. 악기도 기타뿐이고 그저 희미한 허밍이 이따금 흘러갈 뿐이다. 누군가의, 가슴 깊이 묻어야 할 사연 같은 걸 들려주는데 그의 화법은 역시 돌려 말하는 쪽이다. 그런데 화자의 시선은 얼마나 섬세한지! 그는 '마지막으로 너를 봤을 때, 넌 전보다 훨씬 늙어 보였어 / 너의 유명한 푸른 비옷은 어깨 쪽이 해졌더군(Ah, the last time we saw you you looked so much older / Your famous blue raincoat was torn at the shoulder)' 하고 말한다. 'older'와 'shoulder'의 라임을 살린 것은 물론, '낡고', '늙은'의 의미까지 겹쳐 이 구절의 효력은 걷잡을 수 없이 팽창한다. 이러한 디테일이 노래를 그야말로 살아 숨 쉬게 만드는 것 같다. 쉽게 말하면 이 곡이 그리는 상황은 삼각관계이고, 제인은 화자의 친구인 '너'의 머리칼을 한 다발 쥐고 돌아온다. 어느 누구도 연인과의 관계를 정리할 때 자신의 머리칼을 주지는 않을 것이기에 나는 왜 제인이 '머리칼'을 쥐고 오는지 이 노래를 들을 때마다 종종 의아해했다. 구글에서 검색해본 뒤에 이를 해석할 수 있는 단서를 하나 찾을 수 있었는데, 그건 레너드 코헨의 노래 Hallelujah에도 언급된 바 있는 성경 속의 삼손과 데릴라 이야기를 모티프로 한 것이었다. 삼손의 괴력이 머리칼에 있었기 때문에 데릴라가 그의 머리칼을 자르고 결국 그를 무력하게 만든다는 이야기. 그러니 제인과 그의 잘못된 관계도 머리칼을 자름으로써 종식되었음을 이해하게 되는 것이다. 참 이상하게도, 화자는 제인과 그가 헤어져야 마땅함을 어필함과 동시에 외따로 살아가는 그에게 측은한 마음도 동시에 가진다. 그래서 이것이 참으로 복잡한 이야기라는 감상을 남긴다. 여기에 비도 없고 눈물도 없고, 노래는 오히려 건조한 톤으로 차분히 이어질 뿐이다. 우리가 인간으로서 느끼는 '사랑'과 '분노' 등의 감정들은 '유명한 푸른 비옷' 속에 감춰질 수 있을 것만 같고, 또한 이 해진 비옷은 보이지 않는 비로부터 우리를 지켜줄 수 있을 것만 같다.

Joan of Arc는 잔 다르크 이야기를 각색했다. 이 성녀의 일생은 도무지 기구한 것이었는데 레너드 코헨은 자신의 곡에서 그녀라는 인물의 상징적 가치와 인생의 숙명을 잘 헤아리고 풀어냈다. 그의 잔 다르크 이야기 속에서 이 성녀는 전쟁에 지친 상태로 갑옷을 벗고 흰 웨딩드레스를 입을 생각을 하며 결혼, 즉 안락한 삶을 갈망하게 된다. 그러나 현실은 여전히 잔혹하다. 나무 같은 그녀는 하필 불과 결혼을 해 결국 이들의 결합은 소멸로 나아간다. 불은 그녀의 티끌을 가질 뿐이다.

2016년 그의 인생이 저물었다. 그의 죽음이 있기 전에 나온 마지막 앨범 <You Want It Darker>, 슈트 차림에 페도라를 쓴 그를 괜히 찾아보기도 했다. 그가 남긴 수많은 노래들과 함께 여전히 이 세상에서 우리와 함께 살아간다고 믿으며.

쿠반 올스타즈

〈Buena Vista Social Club〉 Buena Vista Social Club

잊혀졌던 쿠바의 뮤지션들이 재결합한 부에나 비스타 소셜 클럽은 원래 계획에 없던 해프닝이었다. 애초에 월드 서킷(World Circuit) 레이블의 프로듀서 닉 골드(Nick Gold)와 기타리스트 라이 쿠더(Ry Cooder)가 하바나에서 만난 것은 아프리카 말리 지역 뮤지션들을 쿠바로 데려와 쿠바 현지 뮤지션들과의 콜라보로 오리엔탈 바이브를 살린 앨범을 녹음하기 위한 것이었다. 하지만 쿠바는 그 당시 미국으로부터 입국 금지 등의 제재가 가해지던 상황에 놓여 있었기에 아프리카 뮤지션들이 국경을 넘는 데 성공하지 못했다. 그래서 이 계획은 자연히 무산될 위기에 이르렀다.

그런데 그때 닉 골드는 후안 데 마르코스 곤잘레스(Juan de Marcos González)와 함께 <A toda Cuba le gusta>라는 앨범도 녹음하고 있었는데, 후안 데 마르코스 곤잘레스의 도움으로 무산될 위기에 처한 레코딩이 새로운 방향을 모색할 수 있게 되었다. <A toda Cuba le gusta>를 위해 모인 라인업에 기타리스트 엘리아데스 오초아(Eliades Ochoa), 루벤 곤잘레스(Rubén González), 콤파이 세군도(Compay Segundo) 등의, 그러니까 쿠바 혁명 이전인 1930–40년대에 왕성한 활동을 했던 뮤지션들이 즉각적으로 섭외되면서 프로젝트는 순식간에 활기를 띠어갔다. 혁명과 정권 교체 후 유흥이나 오락을 담당하던 장소들이 문을 닫으면서 위의 쿠반 뮤지션들은 직업을 잃게 되었고 음악과는 동떨어진 생업에 전전하는 삶을 살았다. 그러니 1996년 다시 반짝하고 모이게 된 이 프로젝트 멤버들은 경이감에 휩싸일 수밖에 없었을 것이다. 콤파이 세군도는 그때 89세로 노쇠한 나이였지만 6일간 이어지던 녹음을 거뜬히 소화해냈고, 앨범 발매 후 카네기 홀에서 열린 무대에도 올랐다. 앨범 판매량도 갈수록 증가했고 이 앨범과 함께 쿠바 음악이 전세계적으로 부흥했다.

쿠바의 전통 음악 손(son)을 대표하는 Chan Chan을 들으면 쿠바 음악이란 이렇게 서글픈 곡조를 특징으로 하는가 하는 궁금증이 일지만, 이어지는 곡 De Camino a La Vereda를 들으면 제법 긍정적이고 희망적으로도 구성될 수도 있음을 느끼게 된다. 컨트리풍 손 음악인 Chan Chan은 사랑과 여행에 대한 심플한 이야기로 구성되었는데 사운드는 제법 풍부하고 원시적 상상력을 일깨우는 듯한 경험으로 다가온다. El Cuarto de Tula는 descarga라고 하는 쿠바 스타일의 잼 세션을 선보이며, 자유로운 즉흥성을 강조하여 연주자들과 보컬의 기량을 한껏 뽐내기도 한다. Pueblo Nuevo와 Buena Vista Social Club은 보컬이 없는 피아노 연주곡들이다. 루벤 곤잘레스는 원래 의사가 되려고 했지만 피아노에 대한 사랑이 깊어져 결국 학교를 그만두고 피아노의 길로 들어선, 쿠바 음악계에서는 전설적인 인물이다. 전성기를 보내고 조용히 지내던 그가 이 프로젝트 때문에 다시 스튜디오에 나타나 피아노 앞에 앉는 일이 벌어졌고, 본 앨범 작업 후 월드 서킷과 솔로 앨범 녹음도 마쳤다. Pueblo Nuevo는 단존(Danzón) 리듬에 맘보(Mambo) 섹션을 포함하는 것으로 풀이되어 있는데, 그의 연주를 듣고 있자니 왠지 모를 유쾌함과 여유가 그려졌다. 이런 음악은 재즈에서 자주 마주쳤던 것 같은데, 이 음악이 재즈 밖의 것이라는 사실이 새삼 흥미롭다. 이색적인 악기 편성과 분위기도 눈여겨보게 된다. 강렬함을 살리기보다 소박하게 연출한 데에는 우두 드럼(Udu drum)과 구이로(Guiro) 등의 악기들이 큰 기여를 하지 않았을까—우두 드럼은 도자기 형상을 한 악기로 손바닥으로 도자기 표면을 두드릴 때와 같은 소리를 내고 구이로는 표면이 빨래판 같아 긁으면 제법 장난스러운 소리를 낸다. 이 곡에서 피아노와 트럼펫은 조연이고 진짜 주인공들은 이와 같은 소품 악기들이라고 내 멋대로 상상해 보기도 했다.

¿Y Tú Qué Has Hecho?는 듣고 깜짝 놀란 곡이었다. 멜로디가 너무 아름답고 노래도 소박했다. 원곡의 작곡자 유세비오 델핀(Eusebio Delfín)은 하바나에서 활동하던 음악가이자 은행가였다. 당시 음악계에 만연하던 볼레로(Bolero)의 기타 스타일을 바꾸며 획기적인 변화를 가져왔는데 결국 그의 곡들이 많은 주목을 받았다고 한다. 이 곡은 기타 때문인지 보사노바 음악을 떠오르게 하기도 했다. 가사도 시적이라 울림을 준다. 무엇보다 나무와 소녀의 이미지가 동화처럼 산뜻하다.

그럼에도 쿠바 음악이란 여전히 낯설고 이국적이다. 가사 또한 스페인어로 이루어졌기에 신비감이 더해진다. 쿠바 음악에 크게 귀 기울여본 계기가 없는 나로서는, 남미의 서정적이고 설움이 깃든 멜로디를 연상하며 여기 수록된 일련의 음악들을 이해해 보기도 했다. 남미와 스페인의 전통 음악들과도 그리 멀지 않은, 쿠바라는 음악. 스페인의 오랜 식민지였고 서아프리카 흑인 노예들이 자신들의 정신에 이식된 고유의 리듬을 갖고 이주해온 영토, 미국으로부터 스윙과 재즈가 전파되어 와 빚어진 음악들의 나라. 부에나 비스타 소셜 클럽이 아니었다면 여전히 쿠바 음악에 대해서는 아무것도 모르지 않았을까? 살사 댄스, 룸바 등 강렬한 이미지에 잠식당해 이토록 향수 어리고 영감을 주는 음악들은 여전히 미지의 역사 속에 머물고 있을 것이다. 그래서 발굴이란 미래에 잠재력을 시사하는 중요한 일이라는 생각이 들었다. 부에나 비스타 소셜 클럽은 지금도 쿠바 음악에 입문하려는 사람들이 있다면 반드시 추천할 음반이다. 그리고 쿠바 음악이라는 범주를 내려놓아도, 재즈보다 더 이색적인 음악, 서구적이면서도 독특한 감성을 자랑하는 월드 뮤직을 찾는 리스너라면 만족할 만한 그런 앨범임이 분명하다.

사랑을 들어 보자

〈xx〉 The xx

돌아보니 더 엑스엑스의 첫 앨범 <xx>가 나온 것은 2009년이었다. 지금으로부터 14년 전의 일. 미니멀한 구성과 차분한 분위기가 특색을 이루던 이 앨범을 처음 들었을 때 약간 충격을 받은 기억이 난다. 충격받은 이유는, 이런 음악도 있구나, 하고 놀랐던 것과 여성 보컬 로미의 음색과 창법이 어쩐지 북유럽 국가를 연상케 했기 때문이다. 노래를 먼저 듣고 나서 어느 나라 밴드인지 알아봤더니 내 예상과 다르게 영국이라는 것이다. 그게 충격이었다. 이미 내게 영국 록밴드 음악에 대한 고정관념이 자리해 있던 모양이었다. 그리고 이 앨범은 그 고정관념을 깨고 다양성에 대한 깨달음을 확인하고 확장하는 계기가 된 것도 분명하다. 그 고정관념이란 내가 다양하게 알지 못해서 성립한 것이었다는 사실도! 더 큐어(The Cure), 영 마블 자이언츠(Young Marble Giants) 등의 록 밴드들, 더 엑스엑스가 유년기를 보내던 시절 많이 들었을 거라 짐작되는 음악들에 대해서도 자연히 알게 되고 또 그런 음악들을 찾게 되었다.

더 엑스엑스 멤버들은, 1집을 만들던 당시에는 4인조였는데, 네 명의 멤버들은 같은 학교에서 만나 그룹을 결성하게 되었다. 보컬을 담당하는 로미와 올리버는 어린 시절 소꿉친구였다. 한밤에 혼자서 끄적인 시(노랫말)를 친구와 공유하고, 또 다른 멤버들과 공유하며 데모를 만들었고 마이스페이스에 음원을 올렸는데 XL 레코딩스의 담당자들 눈에 띄어 결국 데뷔 앨범을 제작하게 되었다고 한다. XL 레코딩스는 이들을 서포트하려고, 연습실도 없던 멤버들에게 사무실 뒤편 차고로 쓰이던 공간을 임시 연습 공간으로 개조해 제공했다. 외부로부터의 재정적 지원을 딱히 기대하기 어려운 무명의 신인에게는 너무도 고마운 기회였을 것 같다. 레코딩 작업 후 믹싱 등의 후반 작업에서는 지나친 세공으로 사소한 결함들을 감추기보다 그것들을 내버려 두어 자연스러움이 살아 있는 형태를 추구했다고 한다. 사실 나와 같은 보통 사람들의 귀에는 그런 미묘한 기술적 의도가 잘 파악되지 않을 수 있지만, 이 이야기를 접한 뒤에는 이어폰을 끼고 그런 부분들에 대해 파악해 보려고 했다. 예술 작품을 대할 때 무언가 내게 전해지는 것을 더듬어보는 일도 중요하지만, 창작자가 의도한 바를 따라가 보는 것도 흥미로운 과제라는 생각이 든다.

수록곡들이 다 좋지만 그중에서도 가장 좋아하는 세 곡을 꼽자면 Intro, Islands, Shelter라고 할 수 있을 것 같다. 그래서 그 곡들을 중심으로 이야기해보려고 한다. Intro는 그야말로 짧고 간결한 인트로 트랙이다. 데뷔 앨범이었던 만큼, 서곡으로서 밴드의 색채를 가장 간결하고 선명하게 드러낼 수 있어야 했을 텐데 이 결과물은 그 이상의 결과를 낳았다. 단지 짧은 소개만이 아니라 자신들의 작품세계를 서정적이면서도 모던한 방식으로 요약했다. 짧아서 더 매력인 Intro는 이 앨범을 들을 때 가장 먼저 듣게 되는 1번 트랙. 노랫말이 없기 때문에 악기들이 내는 개별적인 소리와 악기 간의 조화에 더 집중해 보게 된다. 그렇더라도 더 엑스엑스 음악의 가장 큰 특색은 아무래도 여성 보컬과 남성 보컬의 듀엣 형식에서 찾을 수 있을 것이나. 노래에서 두 사람이 이야기를 주고받는 듯한 느낌을 자아내는 것. 역시 화두는 '사랑'이다. '난 이제 너의 것이야 / 이젠 떠날 필요가 없어 / 마침내 알아냈으니까 / 더는 다른 사랑을 찾아 헤맬 필요 없어(I'm yours now / So now I don't ever have to leave / I've been found out / So now I'll never explore)', 사랑하는 이와 자신의 공간을 찾은 사람의 충만감이 느껴지는 가사. Islands에서 제일 좋아하는 구절이다. Shelter는 다른 곡들과 다르게 여성 보컬 로미가 노래를 모두 담당한다. 드럼 비트로 리듬 파트를 채우는 대신 기타로 베이스가 되는 리듬부를 형성한 약간 재지한 감성을 살린 솔로 곡. 그래서인지 페미닌한 느낌이 주를 이룬다. 아마도 대상에 대한 집착을 기반으로 쓰여진 가사에서 화자는 대상의 떠남에 물속에 잠기는 듯한 절망에 휩싸인다. 하지만 그는 '숨 쉬는 법'을 알려 달라고 하며 자신을 짓누르는 바다를 극복하고자 한다. 결국 대상에 대한 집착도 내 안에서 벌어지는 망상적 사건이기에 그의 떠남과 무관하게 극복해야 할 과제도 내 안에 있을 거란 생각이 든다.

Fantasy, Shelter, Infinity는 전체 레코딩 기간 중 제일 마

지막에 쓰여지고 녹음된 곡들이라 한다. 이 곡들은 비트로 또렷한 형상을 제시한 초반부 곡들과는 확연한 대비를 이룬다. 보너스 트랙으로 수록된 Hot Like Fire의 원곡은 알리야(Aaliyah)가 불렀다. 트립합과 딥하우스풍 비트와 알앤비 음색을 들려준다. 더 엑스엑스의 커버는 원곡에서 지배적이던 농염함을 줄이고 몽롱한 분위기를 잔뜩 드리웠다. 이 노래를 들으니 온통 주황 빛으로 물든 이국의 해변이 머릿속에 그려진다. 어느 영화에서 본 적 있는 듯한 색조. 바에서 칵테일을 한 잔 주문하고 기다리는 순간 들으면 좋을 듯한. 문득 사랑도 대상이 그리 필요치 않다는 생각을 한다. 단지 주문한 칵테일을 기다리는 순간 들은 음악을 기억하고 그 기다림의 시간을 사랑하는 것도 대상에 대한 사랑과 별반 다르지 않다고. 그리고 그것을 그리워하는 것으로 감정의 일은 충분하다는 생각도. 시니컬한 기분이 가시지 않지만, 이 앨범을 떠올릴 때는 언제나 사랑과 연인에 대해 의식하게 되는 것 같다.

비치 하우스 속에서 길을 잃어요

〈Once Twice Melody〉 Beach House

볼티모어. 비치 하우스, 하면 가장 먼저 떠오르는 지명이다. 비운의 재즈 보컬리스트 빌리 홀리데이가 자라기도 했던 곳. 비치 하우스가 활동을 시작한 근거지가 된 볼티모어는 미국 내에서 상대적으로 빈곤하고 범죄율이 높은 도시라 한다. 그런 도시를 기반으로 살아가고 음악을 만들며, 계속해서 자신들의 영감에 불을 붙이는 밴드의 삶에 새삼 호기심을 가져 보기도 한다. 내가 접해보지 않은 공간이지만, 이런 상상이 현실에 갇힌 내 의식을 자극하고 해방시키는 듯한 기분을 맛보며.

개인적으로 비치 하우스의 앨범 중 가장 좋아했던 5집과 6집 <Depression Cherry>와 <Thank Your Lucky Stars> 이후 나온 후속작은 사실 크게 내 관심을 끌지 못했지만, 8집 <Once Twice Melody>는 어딘가 달랐다. 그룹의 창작 세계가 더욱 확장된 듯한 느낌이었고, 다른 말로는 보다 성숙해진 시각을 겸비한 것 같았다. 찾아보니 비치 하우스는 지금까지 2년 간격으로 새 앨범을 발표해 왔지만 이번에는 전작과 4년의 텀을 두었다. 물론 거기에는 팬데믹이 야기한 차질과 혼돈이 없지 않았지만, 그룹이 고민의 시간을 더 길게 가졌음을 시사하는 부분이기도 했다.

이번 앨범은 네 개의 파트로 나뉘어 구성되었고, 2021년 11월부터 4개월간 순차적으로 공개되었다. 비즈니스적인 전략이라기보다는 창의적 활동이 마감된 후 정체기에 이른 듯한 순간에 침몰하지 않기 위한 창작자로서의 한 가지 대응 방식에 가까웠던 것 같다. 파트 구성이라니, 구성에서부터 힘을 실으려 했던 고민의 흔적이었다. 첫 번째는 Pink Funeral, 두 번째는 New Romance, 세 번째는 Masquerade, 그리고 마지막은 Modern Love Stories. 제목만 봐도 흥미롭다는 생각이 들었다.

가장 먼저 눈에 띈 것은 죽음에 대한 형상화였다. Pink Funeral의 가사에 hearts가 나오는데, 그건 부서지기 위해 만들어졌다고 한다. 여기에서 심장(heart)과 사랑(pink)이 동등한 의미를 지닌다고 한다면, 사랑(핑크)은 부서지기 위해 만들어졌고, 그래서 필연적으로 장례를 치르게 된다. 노래는 절망 끝에 도달한 사람의 핑크 장례식 풍경을 그렸다. 부드러운 선율을 끌어내지 않고 바이올린의 콜 레뇨 주법처럼, 활대를 사용해 얻는 음으로 불안감을 조성하며 특유의 다크 판타지를 형성했다. 너무 무거워서 웅장함마저 드리우는 드럼과 함께 노래는 더없이 느린 암흑을 배회한다.

이 곡은 비치 하우스가 즐겨 들었던 콕토 트윈스(Cocteau Twins)의 곡 Cherry-Coloured Funk를 연상케 한다. 푸르던 하늘이 검게 변하고 동화였던 시절이 지옥으로 바뀌는, 절망의 끝에 다다른 채 나를 보내지 않기를 바라는 이야기. 백치의 아름다움 같은 별빛 호수의 백조들, 나뭇가지 아래로 도망을 치는, 푸른 하늘, 흰 레이스 베일, 눈물의 호수… 시각적 환기를 동반하는 디테일들이 서로 얽히며 이야기에 입체감을 부여하는 점이 인상 깊었다.

파트 3에 해당하는, 가장무도회(Masquerade)에서는 어쿠스틱 음색도 들려온다. 그룹이 실험 의식을 가지고 다양성을 의식하고 수용하는 과정을 거친 것을 확인할 수 있는 파트다. 어쿠스틱 기타가 리드하는 Sunset은 음악적 변화를 가장 명징하게 드러내는 곡이라 할 수 있을 것 같다. 비움이 느껴지는 곡이기에. '꽃들이 자라는 곳에 나를 눕혀줘 / 궁전이 지고 있으니 / 황금빛 팬들이 땅 위를 가로질러 / 그저 키 하나로 모든 게 행해지네(Lay me where the flowers grow / For the palace is descending / Golden fans across the land now / Just one key does everything)', 비치 하우스의 노래에선 꽃도 싱그럽거나 아름다운 꽃이 아니고 핑크색도 우리가 쉽게 떠올리는 그런 핑크가 아니다. 그래서 관념어라 할 수 있는 단어들을 사용해도 진부해지지 않는 게 아닐까. 4번째 파트의 Hurts to Love는 재미있는 곡이었다. 가사도 가벼워지려는 것 같았기 때문이다. 사랑이 아프다면, 그래도 그것을 계속하는 것이 낫다고 말하지만, 사랑이 아프다면, 어쩌면 떠나는 게 옳은지 자문하기도 한다.

이 앨범이 더욱 매력적으로 느껴졌던 것은, 무게감을 주는 압력 속에 명쾌한 무언가가 언뜻 떠올랐던 점이다. 파트를 나누었기 때문인지 창작자의 의도가 그 어느 때보다 체계적으로 전달되었던 것 같다. 이야기들을 비치 하우스만의 테마적인 방식으로 채색한 점도 여전히 멋있었다. 사소한 이야기든 장대한 이야기든, 그것이 다루어지는 방식이 평범하거나 밋밋하다면 분명 매력이 덜할 테니까.

한참 비치 하우스의 5집을 즐겨 듣던 시절에 지하철을 타면 내리는 역을 지나쳤던 기억이 떠오른다. 깜짝 놀라 다음 역에 내려 집으로 되돌아갔던 적이 몇 번 있었다. 이 앨범을 들으며 지하철을 탄다면, 아마 그때처럼 내리는 역을 지나칠지도 모른다. 비치 하우스의 음악은 기꺼이 그 안에서 길을 잃어버리고 싶도록 만든다. 그것이 단지 잠깐의 안식이 된다면 나쁜 것은 별로 없을 것이다.

부드러운 블러

〈13〉 Blur

블러, 하면 마치 등식처럼 브릿팝이라는 용어가 따라온다. 블러가 브릿팝을 상징하는 록그룹 중 하나인 것은 맞지만, 브릿팝이라는 이름부터 드리운다면 엄청나게 한정적인 이야기가 될 것만 같다. 그래서 여기서는 브릿팝의 망토를 벗긴 블러의 음악에 대해, 특히 그들의 여섯 번째 정규 앨범인 <13>을 통해 이야기해보려 한다.

돌이켜보면 블러가 자신들의 음악세계를 구축해가던 시절인 1990년대에, 나는 영국 음악이라면 블러보다 라디오헤드의 음악에 더 매료되어 있었다. 블러는 그 당시 내게는 어딘가 벽이 있어 쉽게 즐길 수 없는 느낌이었는데, 권범준의 ≪BRITPOP≫에 서술된 내용을 통해 되짚어 보면, "블러의 초기 음악들은 영국적 색채가 짙었기에 영국인들이 보다 잘 즐길 수 있는 음악이나 가사 등을 선보였기 때문"으로 짐작해 볼 수 있다. 물론 그 배경에는, 그 시기에 꽃을 피워가던 미국의 얼터너티브나 그런지 음악과 문화 등에 대해 의식적으로 수용을 거부하며, 자국의 어법으로 거기에 맞서고 그것을 더욱 견고히 하려는 그룹의 예술적 저항 의식과 실천에서 빚어진 결과라는 사실이 자리해 있으니, 이를 숙지해야만 블러의 음악을 더욱 포괄적으로 검토할 수 있을 것이다.

초기작인 <Leisure>, <Modern Life Is Rubbish>, <Parklife>는 커버 이미지에서부터 나로서는 조금 갸웃하게 되는 측면이 있었다. 블러의 '영국 취향' 외에도 더욱 나를 주저하게 만들었던 것은 블러의 멤버들이 모두 아트스쿨 출신 예술 학도들이라는 점에서도 발견할 수 있었다. 그때는 지금보다 예술에 대해 더 무지했기 때문에, 증기기관차나 도그 레이싱 장면, 꽃 레이스가 달린 수영모를 쓴 여성의 포트레이트 등에 관해서, 더욱이 이것들이 일련의 세트임을 의미하는 듯한 일관된 노란색 로고 때문에, 이것들을 어떤 식으로 이해해야 하는지 알기 어려웠던 것 같다. 여담이지만, 지금 보니 블러의 초기 앨범들이 취한 사실적인 아트워크들이 이후의 추상적이거나(<Blur>, <13>), 일러스트 등으로 어떤 경계를 훌쩍 뛰어넘어버린(<Think Tank>, <Magic Whip>) 것들보다 더 흥미롭고 역사적이거나 숨은 가치가 다분한 것처럼 느껴지기도 한다. 어쩌면 단순히 세월이 훌쩍 지나버렸고, 예전에는 그런 감흥을 느끼지 못했으나 이제는 그 이미지들을 어떻게 보아야 하는지 알 것 같기 때문일 수도 있다.

<13>의 첫 트랙 Tender는 록 음악이라고도, 팝 음악이라고도 부를 수 없을 것 같은 곡이다. 가사는 심플한 형태로, 거기에는 연인을 위로하고자 하는 온화함이 깃들어 있다. 기타 연주는 나긋나긋하며, 후렴부 코러스로 성스러운 느낌을 자아냈다.

<13>은 메인 보컬 데이먼 알반(Damon Albarn)이 오래 연인 관계를 유지해 오던 저스틴 프리시먼(Justine Frischmann)과 결별한 아픔이 녹아든 앨범이었다. 거기에 관한 잔상을 지울 수 없지만, 어떻든 Tender는 '위로'라는 보편적 정서를 택했기에 그녀와 자신, 그리고 세상의 많은 연인들에게까지 전해질 수 있었다. 이런 정도의 비움과 이런 정도의 깊이라면 어쩌면 완전히 크로스오버적으로 나아갔을지도 몰랐지만, 이 곡은 내부적으로, 또 뒤이은 트랙들과 팽팽한 균형을 유지하면서 담백한 위로에 철저히 공헌하고 있다는 인상을 남긴다.

Bugman은 Tender와 급격한 대조를 이루며 분위기를 단숨에 뒤집어버린다. 저돌성을 내세우고 노이즈와 실험적 사운드의 파격적 전술로 이끌어낸 이 곡은, Bugman(벌레 인간)이라는 캐릭터를 등장시키며 Tender의 공간—리얼리티—에서 훌쩍 벗어나는 창의적 장소를 성공적으로 구축해 상상력 면에서 큰 재미를 준다.

Coffee & TV는 그룹에서 기타를 맡고, 또 앨범의 커버가 된 페인팅 작업을 한 그레이엄 콕슨(Graham Coxon)이 쓴 곡으로, <13> 앨범의 전반적인 분위기와는 사뭇 다른 개성을 드러낸다. 약간은 센티멘털하고 일상의 물질적 가치들을 엮어 MTV 세대의 공감을 얻기 좋을 만한 가벼움으로 어필했던 곡이다. 실험성보다는 안정적 전개를 내세운 장난스럽고도 단정한 이 곡은 블러의 메인 컬러는 아니라 할지라도, 그들의 히트 곡 중 하나로 분명히 남아 있다.

Swamp Song과 1992는 제법 음산한 분위기를 그린다. 그는 '내게 좋은 시간을, 내게 소울 라이프를 달라(Gimme good time / Gimme soul life)'고 말하고, '내게 열병을 달라고, 나는 신자(Gimme Fever / I'm a beliver)'라고 말한다. 그리고 그는 자신이 본 적 없는 사랑을 머릿속에 심어(stick) 달라고 외친다. 스스로의 갈망에 내부적으로 꼬여가는 과정을 이야기함으로써 인간적 욕구의 와일드함을 보여주고 있다. Swamp Song의 '갈망'이라는 정서는 Tender에서의 '위로'와 마찬가지로 보편적이다. Tender가 그런 것처럼 이 곡 또한 우리의 내부를 관통할 만한 저력을 지녔다.

Mellow Song은 어쿠스틱 감성의 소품 같지만, 블러만의 특색을 가진 그냥 지나칠 수 없는 곡이란 생각이 든다. 후반부에 이어지는 로파이하면서도 세련된 사운드가 신비한 상상을 부추기는 곡이었다. Trailerpark에서는 덥 사운드 뉘앙스가 신선하게 다가왔고 그와 동시에 사운드의 운용이 더 다양해진다는 인상을 굳혀간다. 잔향감과 몽환적 멜로디의 루프를 돌고 도는 제법 다크하지만 이색적인 트랙이었다. 결별한 그녀에게 보내는 마지막 인사 No Distance Left to Run에 이어, Optigan 1은 말을 대신한 과거의 음색으로 안녕을 고한다.

비밀의 삶을 들여다보기

〈Secret Life〉 Fred Again.. & Brian Eno

영국의 프로듀서 프레드 어게인..에 대해 알아본다면 그의 삶에 굉장한 특권이 주어졌다는 사실을 접하게 될 것 같다. 프레드 어게인..은 어린 시절부터 음악에 관심을 보여 왔고, 십 대 시절 그 당시 이웃이던 브라이언 이노가 결성한 아카펠라 그룹에 들어가게 되었다. 이를 계기로 브라이언 이노와 프레드 어게인..의 음악적 관계가 맺어졌고, 2023년 두 사람이 협업한 결과물 <Secret Life> 레코드가 처음으로 모습을 드러냈다. 그런데 이 앨범은 포 텟(Four Tet)의 인디펜던트 레이블 TEXT에서 나왔고, 그가 마스터링을 맡았다고 하니, 결국 세 사람이 공동 작업한 결과물로 보아야 할 것이다.

얼마 전 프레드 어게인..이 출연한 타이니 데스크 콘서트를 유튜브에서 보았다. 혼자서 세팅된 모든 악기들을 다루며 미니멀한 비트를 기반으로 한 루프를 쌓아가는 과정을 보여주는 것이 무대의 줄거리였다. 나는 그 영상이 흥미진진하게 느껴졌는데, 직관적으로 음악이 좋기도 했지만, 보통 라이브 영상을 볼 때 습관적으로 주목하게 됐을 부분들에 대한 의식은 흐려지고 타이밍에 주목하거나 쌓아 올린 층이 겹겹이 포개어질 때 펼쳐지는 파노라마 같은 전경을 응시하는 식으로 무대를 지켜볼 수 있었던 것 같다. 특히 좋았던 것은 DJ 세트를 피아노와 비브라폰, 마림바 등 실물 악기로 대체하면서 생생한 음향을 얻고, 드럼 비트도 책상을 손으로 두드려 얻어내며, 보컬들—정확히는, 스크린에 나타나는 이미 녹화된 자료들로서의 보컬들—과 연결해 들을 수 있었던 점들이었다. 그렇게 무대를 지켜보던 중 더 놀라게 됐던 것은 그가 노래도 부른다는 사실이었다. 객원 보컬이 있고, 멀티 인스트루멘털리스트이며 프로듀서이기에 노래를 부르지 않을 거라는 선입견이 있었던 것이다. 그의 노래는 힘을 빼고 연습처럼 부르는 느낌이었다. 앰비언트 음악에 보통은 노래가 없지만, 노래를 동반한다면 그건 거의 숨 쉬듯이, 사운드와 함께 호흡하듯 불려야 할 것이다.

<Secret Life>는 많은 동료들과의 협업보다 동시대의, 혹은 이미 고인이 된 뮤지션들의 노래를 프레드 어게인..이 직접 부르는 것으로 심플함을 전면적으로 내세운 작업이다. 피처링이나 원곡의 일부를 잘라내 편집해 넣는 식의 샘플링은 약화되고 그들만의 아날로그성을 그대로 재현하는 데 포커스를 맞췄다. 그로 인해 개방성보다는 차단되거나 제한된 상황(코로나 팬데믹 기간)을 더욱 상기시키게 되었고, 거기에서 결코 벗어날 수 없던 속박을 어느 정도 반영하는 듯 느낄 수도 있었다. 일상적 소리들이 어른거리며 기계적인 뉘앙스보다 수공예품 같은 숨결이 많이 묻어났고, 듣는 일 자체가 일반적인 '청취'를 넘어 어떤 '소리의 경험'을 유도하는 것 같았다.

아마도 제목을 빌려 왔을, 레너드 코헨의 In My Secret Life가 Secret이란 노래에서, 위니 레더(Winnie Raeder)의 호소력 짙은 Don't You Dare는 Enough에서, 포크 싱어 존 프린(John Prine)의 곡 Summer's End가 마지막 곡 Come on Home에서 불렸다. 앰비언트의 잔향감이 짙게 깔리고 스멀스멀하게 퍼져나가는 멜로디는 형체가 없이 뇌리에 박히지도 않고 혜성처럼 신꼬리를 만들곤 소멸해버린다. 그에 비해 멜로디가 선명하게 부여된 Enough은 교회 음악을 연상케하는 오르간 음색 때문에 유난히 깊게 각인된 곡이었다. 하지만 다른 곡들에 비해 선명하다는 것이지 이 멜로디도 처음에서 끝까지 짙은 몽롱함 속에 일렁이고 있다. 도입부가 앰비언트 연구의 초기작 Music for Airports를 연상케 했던 첫 곡 I Saw You는 부서진 말로, 분절된 형태의 보컬을 제시하는데 인위적인 느낌보다 실제로 노래를 이렇게 끊어 부른 것처럼 자연스럽게 이루어진 것이 독특하게 생각되었다. 부자연스러움이 애초의 생리인, 그래서 말을 더듬는 사람의 리듬을 예술적으로 모방한 것 같기도 하고 연속되어 나타나는 메아리 같기도 한, 그래서 많은 생각과 함께 복합적인 모호함 속을 유영하게 만들었다. Secret에서 보컬은 원곡과 비교했을 땐 거의 주요 멜로디와 구절만 가져왔다고 생각된다. 아무래도 샘플링이란 보편적인 방식을 노래를 부르는 것으로 바꿔 아날로그성을 높이고 소리와 소리의 합성에 있어 유기성을 극대화했다는 감상을 남긴다.

<Secret Life>가 샘플링이나 디제잉 프로세스의 낯익은

방식에 기대어 작업되었다 할지라도, 결국 그것은 그 프로세스를 부정하는 쪽으로 나아가는 듯하다. DJ 세트의 엔터테인먼트를 우리가 이따금 마주해야만 하는 신성한 침묵으로, 내향적인 기분으로 바꾸어 놓는다. 간략히 말하면 <Secret Life>는 두 뮤지션의 앰비언트풍 커버 컬렉션이라 할 수 있다. 그런데 장엄하지 않고 굉장히 소박하다. 그리고 이것은 실험적인 동시에 독자적이다. 모호하지만 또렷함이 있었고, 들으면 들을수록 나는 더욱 분명해지는 무언가를 느낄 수 있었다.

끝으로, 타이틀인 Secret에 대해 숙고해 보았을 때, 우리는 누군가 말하지 않는 부분, 즉 비밀에 대해 늘 궁금해한다고 생각했다. 하지만 비밀을 알고 싶어 하는 사람은 별로 없는 것 같다. 단지 궁금해하고 궁금함을 나누는 행위 자체가 무언가 사람들을 더 본질적이게 만드는 것 같다.

초여름의 중고 라이선스 LP

〈The Beach Boys—Best of the Best〉 The Beach Boys

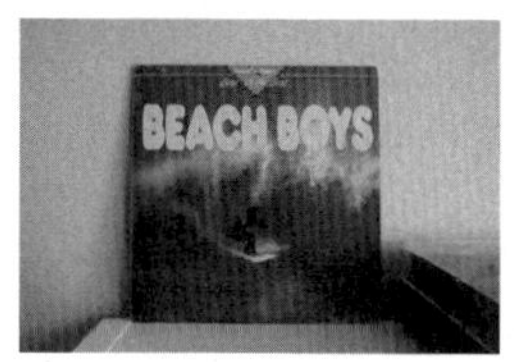

대부분은 엘피를 구매할 때 온라인 몰을 이용하지만 이 앨범은 오프라인 구매였다. 여름이 시작될 무렵, 모처럼 여유가 생긴 휴일에 들른 레코드점에서 중고 엘피 구경을 하게 되었는데 뭐든, '꽤 괜찮은 중고 레코드를 발견한다면 무조건 사서 돌아간다'는 다소 무모하고 전투적인 마인드였다. 그렇게 해야 그날에 대한 기념이 더욱 현실감 있게 남겨질 것 같았다. 단순히 날씨가 더웠던 탓인지 파도를 등진 서퍼가 단독으로 실린 커버 이미지가 유난히 시선을 잡아끌었다. 상단에 커다랗게 써진 Beach Boys라는 노란색의 아기자기한 글자가 푸른 바다와 부드럽게 대비되고, 순간 웃음과 함께 기분이 한층 밝아지는 걸 느낄 수 있었다.

자세히 들여다보니 이 레코드는 수입반이 아니라 우리나라의 레이블 대성음반에서 기획하여 제작된 라이선스 LP였다. 대성음반이 제작을 맡고, Seagull International의 이름으로 국내 제작 허가를 받은 개념인데, 디스콕스 검색을 통해 비치 보이스뿐만 아니라 아바(Abba), 존 레논(John Lennon), 카펜터스(Carpenters) 등 해외 유명 뮤지션들의 베스트앨범들이 같은 시리즈인 "Best of the Best"로 기획되어 나온 흔적을 발견할 수 있었다. 그러니까 이 레코드는 중고반 중에서도 라이선스 LP에 속하며, 라이선스 LP만의 특유의 아우라*를 뽐내고 있었던 것이다.

비치 보이스는 1961년부터 미국 캘리포니아를 기반으로 결성되어 활동해온 서프 록을 대표하던 그룹이다. 브라이언 윌슨(Brian Wilson)의 아버지 머리 윌슨(Murry Wilson)이 음악가였기 때문에, 유년기부터 음악에 흥미를 보여온 아들은 아버지의 지휘 아래 그들만의 음악을 깨우쳐 나가게 되었다. 브라이언, 칼, 데니스 삼형제와 사촌 마이크까지 모두 그룹에 가담했다. 1963년 발표한 Surfin' U. S. A.가 히트하면서 비치 보이스가 미국 전역으로 알려지기 시작했는데, 1960년대 중반 영국 밴드 비틀즈가 미국 대륙을 휩쓸던 시기와 맞물리며, 비치 보이스는 공교롭게도 같은 소속사인 캐피톨(Capitol)에서 비틀즈와 비교당하거나 상대적으로 궁핍하게 지원받는 등 암울한 시기를 보내야 했다. 하지만 그러한 라이벌 구도가 이들의 창작욕에 더 불을 지폈고, 그 결과 발표된 I Get Around가 미국과 캐나다, 유럽 등 국가에서 차트 정상에 올랐다. 이는 비치 보이스가 단순히 서퍼

* '라이선스 LP 특유의 아우라'에 대해 설명하기 위해 라이선스 LP에 관해 간략히 기술해 보고자 한다. 1960-1970년대 우리나라에는 불법 복제로 유통되던 음질이나 패키징 면에서 조악한 음반들이 많았다고 한다. 그리고 1970년 음반법이 개정되면서 합법적인 절차를 거쳐 생산된 라이선스 레코드가 음반 시장에서 본격적으로 꽃을 피우기 시작했다. 아무래도 서양과 우리나라 사이에 커다란 문화적 차이가 존재했던 탓에, 특히 보수적인 입장을 취했던 우리나라에서는 엄격한(?) 심의를 거쳐 논란의 여지가 있는 곡들에 대해선 금지곡이라며 앨범에서 삭제하거나 선정적이거나 도발적인 커버 이미지를 가리는 등 임기응변식 시스템이 라이선스 LP의 보급과 함께 굳게 자리 잡기도 했다. 이렇듯 문화적으로 꽤 굴욕적인 역사를 가진 우리나라의 라이선스 LP들은 그런 특이성 때문에 희귀 앨범으로 여겨져 컬렉터들에게 인기가 높은 경우도 많다고 하니, 음악뿐 아니라 역사적 관점에서도 흥미로운 이야깃거리가 아닐 수 없다. (≪라이선스 LP 연대기≫ 참조하여 서술).

들을 위한 여가 음악을 들려주는 로컬 그룹이 아닌, 음악성을 가진 독창적인 록 그룹으로 자리매김하는 계기가 되었다. 이어서 비치 보이스의 음악성은 1966년 내놓은 <Pet Sounds>로 명백히 입증되었다. 프로그레시브, 사이키델릭, 아트 록 등의 장르적으로 다채로운 성향이 골고루 믹스된 <Pet Sounds>는 여전히 비치 보이스의 에센셜 레코드이면서 현대 음악사에도 중요한 가치를 지니는 록 앨범으로 남아 있다.

여기에 수록된 곡들은 주로 비치 보이스가 창작의 황금기를 누리던 1960년대에 발표된 것들로 채워져 있다. 그리고 또 다른 특징으로는, 그룹의 주요 송라이터인 브라이언 윌슨이 작곡한 곡들이 주를 이루고 있는 점을 들 수 있다. Sloop John B는 이 베스트앨범의 수록곡들 중에선 후기 작업에 속하는 <Pet Sounds>에서 발췌된 곡으로, 이 혁신적인 앨범이 지향했던 장르적 특색들을 골고루 음미해 볼 수 있다. 보컬 하모니와 함께 글로켄슈필, 휘슬 소리 등 아날로그 음색이 은은하게 첨가되면서 서프 록 이미지에서 탈피하고 챔버 팝 성향을 내세우며 남다른 생동감을 전한다.

I Get Around에서는 숨가쁘게 상승하는 고음의 후렴부를 선보이지만 브라이언 윌슨의 노래는 마냥 즐겁지만은 않고 왠지 울적하게 느껴진다. 위키에 의하면 그는 포 프레시맨(Four Freshmen)의 노래를 즐겨 들으며 그들의 보컬 하모니를 교본 삼아 자기만의 두성을 고안해냈다고 하는데, 거기에서 새삼 그의 음악적 재능을 확인하게 되었다. 이렇게 고안된 그의 고음에선

우수 어린 멜랑콜리로 내뱉는 허밍에 음을 부여한 듯한 내추럴함이 감돈다. 그의 보컬에 특별히 관심이 간다면, 그가 메인 보컬로 활약하는 Don't Worry Baby를 유심히 들어볼 것을 권한다.

Barbara Ann은 첫 소절만 들어도 '아하!'하고 떠올릴 수 있을 만큼 익히 들어 친숙한 곡이다. 바-바-바-바바라-앤이 반복되고 중첩되며 박수와 웃음소리 등이 자연스럽게 들려온다. 더 리젠츠(The Regents)의 두왑 원곡과 비교해 들어 보니 비치 보이스의 노래가 더 흥미롭고 산뜻하게 느껴진다. A면에 마지막으로 실려 있는 Wendy는 버려진 남자의 서글픔을 담고 있다. 홀로 바닷가에 구부정히 앉아 있는 실연 당한 사람의 바보 같은 순간. 쉽게 잊혀지거나 간직되지 않을 하찮고 나약한 순간이 이렇게 노래로 기록되는 건 불행일까, 아니면 행운일까?

Fun, Fun, Fun과 Dance, Dance, Dance는 즉각적으로 흥겨움을 돋우는 트랙들이다. 비치 보이스의 서프 록에서 상징과도 같은 자동차, 여자, 서핑, 라디오 등의 요소들이 빛을 발하며 이 가공된 세계 속에서 살아가는 가련한 주인공들의 일탈을 북돋운다. 우리가 이 곡들을 듣고 덩달아 즐거워지고 잠깐이나마 희망적이 된다면 그건 최면을 걸듯 우리의 정서에 작용한 음악 때문이 아닐까. 마지막에 실린 Surfer Girl과 California Girl은 약간 다른 방식과 동기에서 창작된 두 개의 발라드 곡인데, 내 취향에는 역시 Surfer Girl이다. 너무 느려서 답답할 정도지만 사이사이에서 작용하는 인력이 왠지 마음에 울리는 것 같다.

내게 비치 보이스는 여름이라는 계절성, 해변이라는 장

소성, 그리고 서프 록이라는 음악성 외에도 소설가 무라카미 하루키의 이름을 동반하며 떠오르곤 한다. 그의 장편 소설 ≪댄스 댄스 댄스≫도 바로 이들의 노래에서 따온 제목이 아니겠는가. 해변, 서핑, 라디오, 자동차, 낭만, 그리고 판타지… 사회의 지배적인 규범에 반하는 오직 여가적인 것들. 이와 같은 상징들은 그의 소설에 고스란히 이식되어 있지 않았던가. 그러므로 이 레코드에 대한 나의 여행은 여러 종류의 향수를 머금은 것으로 다가왔다고 정의할 수 있을 것이다. 또한 여러분에게도 자기만의 특별한 방식으로 추억되기를 바란다.

더 내셔널의 바다에 발끝부터 서서히 젖어가보세요

〈Trouble Will Find Me〉 The National

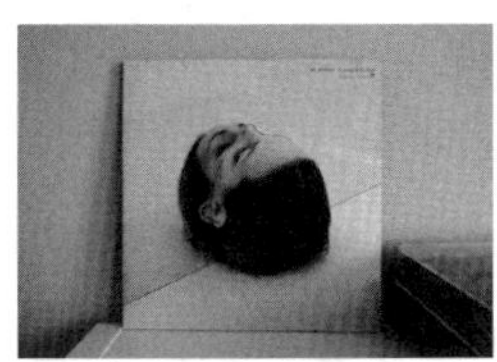

더 내셔널이란 그룹명은 거창하고도 수수하다. 'The National'이란 문구를 마주하지 않고는 길을 걸을 수 없다고 생각될 만큼 곳곳에 널리 표기되어 있다. 아무도 주목하지 않고 본체만체 흘려버릴 그런 문구를 밴드명으로 고른 데에는 어떤 사연이 있는 걸까? 더군다나 이 말은 행정적인 뉘앙스가 강해서 록 음악과 결부지었다는 것이 의아하게 느껴지거나 혹은 참신하게 느껴진다. 그러니까 지금 시대의 록 음악이란, 동시대의 예술이란 국가적인 것과 분리될 수 없음을 시사하는 걸까? 보컬 맷 버닝어(Matt Berninger)는 밴드명의 기원에 대해 그저 별 뜻 없는 것을 원했기 때문이라고 말한다. 별다른 의미도 없고 그래서 굳이 해석할 필요도 없는 간결한 이름을 원했다고. 하지만 사연을 모르는 사람이라면 충분히 오해할 만하다. 이들이 처음으로 유럽으로 투어를 갔을 때, 독일에서는 이 그룹명이 극우 나치 세력과 맞닿아 있는 것으로 여겨져 곳곳에서 공연이 보이콧되기도 했다.

그룹의 첫 앨범과 두 번째 앨범은 기타와 키보드 등을 맡은 아론 데스너(Aaron Dessner)가 만든 인디 레이블에서 나왔지만, 음악적 색채가 점차 견고해지고 또 장르적으로 더욱 포괄성을 가지면서 메이저 레이블과 계약할 기회를 얻었다. 신시내티에서 뉴욕으로 터전을 옮긴 멤버들은 각자 하고 있던 일—디자인, 출판, 자선단체 등의 분야—을 접고 전업 뮤지션의 길로 뛰어들게 된다. 2005년작 <Alligator>와 차기작들 <Boxer>, <High Violet>을 통해 그룹은 미국과 유럽 등지에서 점차 이름을 알리게 되었다. <Trouble Will Find Me>는 2013년 나온 더 내셔널의 여섯 번째 정규 앨범이다. <High Violet> 홍보를 위한 투어 후 적당히 찾아든 만족감에 휩싸여 이제 새 앨범 작업은 잠시 잊고 일상으로 돌아가도 좋겠다는 생각이 들 무렵 불현듯 시작된 작업이었다.

새 앨범 작업의 신호탄이자 앨범의 첫 곡으로 수록된 I Should Live in Salt는 어쿠스틱 기타 리드로 진행된다. 'salt'는 눈물을 의미할 수도 있고, 이 앨범 전반에 걸쳐 '바다'가 많이 그려지기에 화자에게 익숙한 물, 혹은 장소인 '바다'를 의미할 수도 있다. 맷 버닝어는 개인적인 상처를 노래로 옮겼다. 과거에 그는 동생 톰과 사이가 틀어졌고, 거기에서 오는 후회와 유감스러운 마음을 담아낸 것이다.

Don't Swallow the Cap은 서정미를 머금은 성숙한 사색을 보여준다. 다채로운 빛깔의 묘사, 가슴을 두근거리게 하는 하모니, 박진감 있게 전개되는 비트와 함께 중얼거리는 투의 보컬이 대단히 멋스럽다. 후렴부 'I'm not alone / I'll never be / And to the bone / I'm evergreen'이 나올 때는 나도 모르게 따라 부르게 된다. 그 순간 나는 찰나적이긴 해도 이들과 동화된 듯 느끼게 된다. 누군가, 아직 꿈을 꾸고 있냐고 꾸짖을 이야기인지도 모르지만, 이런 식의 일체감은 유사한 경험을 해본 사람만이 이해할 수 있으리라. 그런데 '뚜껑을 삼키지 마'라는 뜻의 제목에 대해서 팬들은 당시에 여러 가지 추측을 내놓았다고 한다. 그중 하나는 극작가 테네시 윌리엄스(Tennessee Williams)와 관련된 것이었고, 처음에 나도 그 의견에 동의했다. 그런데 관련 글을 더 찾아보니 맷 버닝어가 그러한 추정들에 대해 다소 부정하는 입장을 취하고 있는 것을 확인할 수 있었다. 아이와 함께 일상을 보내며 치약이나 약통 등의 뚜껑을 무심히 입에 무는 자신을 발견하고, 제품의 포장재 어딘가에서 'Don't swallow the cap'이라는 문구를 스치듯 본 것이 그에게 영감을 주었을 수 있다며 말이다. 그는 자신이 그 문장을 리드미컬하게 흥얼거리며 가사를 구축해 갔듯, 듣는 이들에게도 문장의 의미를 해석하기보다 말소리나 운율을 음미해 볼 것을 권한다. 그러면 규정된 무언가에 닿는 것이 아니라 예상치 않은 다른 영역에 닿을 수 있을 거라고. 그는 타성에 젖어 거의 자동적으로 의미 부여나 해석에 집착하게 되는 태도를 경계할 것을 역설하는 것이다. 그리고 위의 메시지는 이 앨범을 이해하는 데 중요한 열쇠로 작용한다. 보는 각도에 따라 눈을 뜨고 있는 것 같기도 하고 감고 있는 것 같기도 한 커버 이미지의 작품—커버에 실린 것은 한국계 아티스트 윤보현(Bohyun Yoon)의 작업의 한 조각에 해당한다—을 떠올려 보라. 그녀는 눈을 뜨고 있다고도 감고 있다고도 말할 수 없고, 어느 쪽도 정답이라고는 할 수 없다. 확실히 예술 작품은 이성으로 분석하거나 해석하기보다 눈으로 좇고, 귀로 듣고, 손으로 만지며 더 근본적인 감각으로 접근할 때 보다 잘 이해할 수 있다는 의견에 고개를 끄덕이게 된다.

Sea of Love는 음악만큼이나 인상적인 뮤직비디오를 선보였다. 1980년대에 활동했던 러시아의 펑크 그룹 Zvuki Mu의 곡을 오마주 했는데, 기행적인 퍼포먼스로 진지함을 깨트리며 우스꽝스러운 분위기를 연출했다.

영롱한 기타 멜로디로 주도하는 I Need My Girl도 이 레코드의 필청 트랙이다. Sea of Love와 마찬가지로 사랑을 주제로 한 이야기를 들려주는데, 톤은 많이 다르다. Sea of Love는 3인칭의 불특정 인물 'Joe'를 등장시키며 일종의 '어긋난 사랑'을 이야기한다. '우리를 악마로 만들어가고, 이곳에 더 머물면 틀림없이 문제가 나를 찾을 것'이라는 불길한 예감이 들 만큼, '대체 하버드에선 네게 뭘 가르쳤니?'하고 비난을 퍼부어도 좋을 만큼 단단히 어긋난. 그런가 하면 I Need My Girl의 사랑은 맷 버닝어의 설명대로 뚜렷한 대상을 향해 있는 현실의 사랑이다. 여기에서 사랑은 화자가 갈망하는 지점에 자리하고, 그의 장소가 불안과 두려움, 과오와 고독으로 끓어 넘치기 때문에, 그러니까 깊은 절망을 들춰 냈기 때문에 사랑은 더욱 강렬한 타깃이 된다.

더 내셔널의 음악은 어려울까? 그런지도 모른다. 가사는 보편적으로 이해될 수 있기보다는 해독하기 어려운 시적 의미들로 가득하니까. 문학 작품으로 치면, 대중적으로 히트한 베스트셀러나 스테디셀러가 아니라 '아는 사람만 아는' 그런 개성적인 작품이라고 할 수 있을 것이다. 아니, 이들은 이미 보편적으로 유명한 록 밴드인가? 아마 그럴 것이다. 대부분의 록 음악팬들은 이런 음악을 만나기를 고대하고 있을 테니까. 그리고 이들은 성숙한 그룹이다. 일시적인 쇼나 허튼소리로 선동하는 법이 없다. 그런 점에서 록 밴드로서 한 구체적인 이상에 닿아 있다는 생각도 든다. 잘 구축된 가사들, 정제된 케미스트리와 찬란한 역동성, 반항적이며 진중한 사운드, 정념이 현기증 나도록 소용돌이치는 음악의 바다에 발끝부터 서서히 젖어가도 좋으리라.

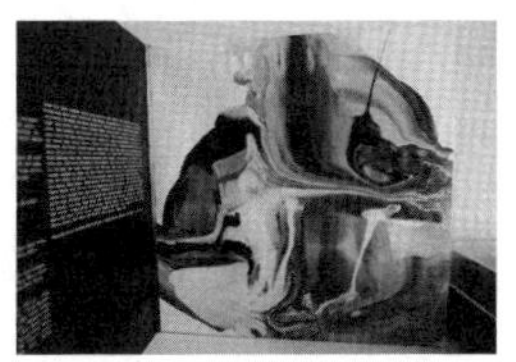

케이트 부시와 스띵 4의 완벽한 매치

〈Stranger Things Season 4 Soundtrack〉 Various Artists

'미드' 열풍이 불기 시작한 것이 정확히 언제였는지 잘 기억나지 않는다. 희미한 기억에 의하면 이십 대 초반쯤 되었을 때 ≪프렌즈≫로 영어 회화를 공부하는 풍토가 있었던 것 같고, ≪프리즌 브레이크≫, ≪로스트≫ 등 드라마들이 많은 사랑을 받았던 것 같다. 아무튼 미드라고 하면 이른바 '떡밥'이라 불리는 미끼들 때문에 한 편만 보겠다던 것이 전 편을 몰아 보게 만들어 밤을 새우게 했던 기억이 선명하다.

2016년 넷플릭스를 통해 처음 공개된 ≪기묘한 이야기≫ 시즌 1은 '몰아 보기'를 대놓고 권장하는 분위기를 조성했다. 넷플릭스를 통해 한 시즌의 여덟 개 에피소드를 같은 날 전부 공개했던 것이다. 대학원 다니던 무렵으로 기억하는데, 그때는 소설 창작에 열을 올리던 때였고, 드라마가 워낙 화제가 됐기 때문에 공포물을 그다지 즐기지 않았음에도 불구하고 넷플릭스에 가입해 정주행을 했다.

'미드' 이야기를 하다 보니 서론이 꽤 길어졌지만, 아무튼 이번 글의 주제는 ≪기묘한 이야기≫, 즉 '스띵(이하: 스띵)'이다. 더퍼 형제가 각본을 쓰고 연출을 맡은 스띵은 시즌 4까지 공개되었고, 마지막 편에 해당하는 시즌 5가 현재 제작 단계에 있는 것으로 알려져 있다. 표면적으로는 80년대에 호킨스 마을에서 벌어진 기이한 일들과 거기에 연루된 아이들의 이야기를 다루는데, 괴생명체와 '뒤집힌 세계(The Upside Down)'라는 초월적인 공간, 비밀리에 진행되는 알 수 없는 프로젝트, 심령술, 초능력 등의 소재를 포함하여 단순한 호러물이나 개인의 비범한 능력 등을 그리는 데 머무르지 않고 이야기와 해석의 가능성을 체계적으로 확장시켜 나간 것이 이 드라마의 큰 미덕이었다. 나는 시즌 4를 가장 좋아하는데, 무엇보다도 전 편에서 죽은 것으로 생각됐던 호퍼가 살아 있어서 안도감?이 들었고, '호퍼는 살아 있다(Hop is Alive)'라는 메시지를 받은 조이스가 러시아의 포로수용소에 수감된 그를 구하기 위해 고군분투하는 스토리라인과 '베크나'가 일레븐(011)과 마찬가지로 브레너 실험실의 피실험 아동들 중 하나인 001이었음이 밝혀지는 스토리라인 두 가지가 아무래도 가장 큰 관전 포인트가 아니었나 한다.

시즌 4가 더욱 매력적으로 느껴졌던 것은 새로운 캐릭터들의 출연—헬파이어 클럽의 리더인 에디 먼슨, 피자 가게 직원 아가일—과 로빈과 에리카, 머레이 등 조연 캐릭터들의 개성적인 성격과 유머, 남다른 에너지 등이었다. 물론 이들뿐만 아니라 이 드라마의 캐릭터들은 하나같이 개성적인 성격을 드러낸다고 할 수 있지만 말이다. 그리고 무엇보다 시즌 4에서는 음악의 역할이 상당했다. 전 시즌을 통틀어 가장 음악 친화적이었다고 말해도 좋을 것이다. 그래서 시즌 4에서의 음악의 기능을 크게 두 가지로 구분해 살펴 보기로 했다. 첫 번째는 에디의 음악이다. 기타리스트 '에디'는 헬파이어 클럽을 이끄는 '괴짜' 중의 '괴짜'로, 그의 캐릭터와 함께 록 음악의 정수가 드라마 속으로 본격적으로 침투해 들어온다. 메탈 팬인 에디는 뒤집힌 세계에 속한 자신의 집 옥상에 올라 메탈리카의 Master of Puppet을 연주한다. 데모-배츠 들을 유인하기 위한 공연이었는데, 메탈리카의 공연에 버금갈 만큼 환상적이고 멋있게 연출되어서 단번에 매혹된 장면이었다. 두 번째는 맥스의 음악이다. 오빠 빌리를 상실한 아픔에서 헤어나지 못하고 심리적으로 무척 괴로워하는 맥스는 시즌 4에서 말없이 혼자 지내고, 주기적으로 심리 상담을 받고, 일상을 배제시키려는 듯, 헤드셋을 끼고 음악을 들으며 살아간다. 빌리에 대한 그녀의 감정이 베크나에게 약점으로 읽힌 순간, 맥스는 베크나의 세계 속으로 침몰하게 된다. 그녀의 몸은 현실에 속해 있지만 의식은 뒤집힌 세계에 묶이게 된다. 빅터 크릴이 수감된 정신병원에서 음악에 대한 중요한 단서를 발견한 낸시와 로빈의 이야기를 듣자마자, 핸더슨, 스티브, 루카스는 부랴부랴 카세트테이프를 뒤적이며 맥스가 좋아하는 노래가 뭐냐고 소리친다. 마침내, 케이트 부시(Kate Bush)의 Running up That Hill을 찾아 베크나의 세계에 정신을 빼앗긴 그녀에게 들려준다. 맥스는 베크나의 촉수에 목이 졸리며 공중으로 떠오른다. 몽환적인 케이트 부시의 노래가 뒤집힌 세계의 붉은 공간에 울리면 현실 세계로 향하는 통로가 열린다. 이건 정말 인상적인 메타포였다. 그러니까 음악과 행복했던 기억들이 마음속 희망의 문을 열 수 있고, 완전한 절망 속에서 그것이 유일한 구원이 될 수 있으리란 상상을 이 장면을 통해 보여주었다. 음악은 그녀의 귀에 울리고, 귀를 통해 들어온 음악은 그녀의 정신을 일깨우고 그녀는 마침내 '달아나고자 하는' 힘을 얻는 동시에 자기 안의 숨은 에너지를 발견한다. 이곳에서 탈출해 친구들이 기다리는 현실 세계로 돌아가기 위해 그녀는 전력을 다한다. 심리적으로 가장 위축되어 있던 모습에서 적극적으로 달려가는 맥스의 극적인 변화는 감동을 일으키기에 충분했다.

어쨌거나, 스띵이 기본적으로 호러물인 만큼, 이 사운드트랙에는 그동안 sj_musicnote를 통해 잘 다루지 못했던 장르인 하드 록, 사이키델릭 록 등의 곡들이 대거 포함되어 있다. 키스(Kiss)의 Detroit Rock City, 메탈리카의 Master of Puppet, 그리고 토킹 헤즈(Talking Heads)의 히트곡 Psycho Killer 등. 메탈 음악을 자주 찾아 듣지는 않지만 그게 참 묘하게 아름다운 면이 있다고 생각하는데, 에디의 기타 솔로가 바로 그런 면을 담아내지 않았나 한다. 아무튼 메탈리카는 내가 좋아하는 메탈 그룹이다. Nothing else but Matters 같은, 록 발라드가 역시 내 감성엔 잘 맞지만, Enter Sandman, Sad but True 같은 에너제틱함으로 무장한 곡들도 필요로 할 때가 간혹 있다. 토킹 헤즈의 Psycho Killer는 허전하다 싶을 정도로 미니멀하게 느껴지는 멜로디와 리듬을 선보이지만 아방가르드한 창법으로 혁신적인 포스트 펑크 성향을 자신감 있게 어필했다.

크램스(The Cramps)의 I Was a Teenage Werewolf는 사

이키델릭 분위기를 잔뜩 드리우며 와일드함을 이끌어낸다. 발티모라(Baltimora)의 Tarzan Boy는 빈티지 신스 사운드로 향수에 젖게 만드는 일렉트로니카 트랙, 마마스 앤 파파스(Mamas & Papas)의 명곡 California Dreamin'은 비치 보이스(The Beach Boys)의 버전으로 실려 있는데 이 버전은 스띵의 음산한 분위기와 잘 부합한다.

나는 이곳에 속하지 않는다

〈Guardians of the Galaxy Vol.3 Soundtrack〉 Various Artists

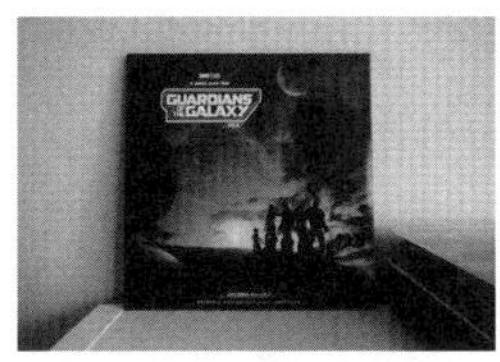

마블(MARVEL) 스튜디오의 작품들을 모두 챙겨 보는 열성팬이라고 말할 순 없지만, ≪가디언즈 오브 갤럭시(이하 '가오갤')≫ 시리즈는 빼놓지 않고 보고 있다. 할리우드 영화의 거장 스티븐 스필버그도 이 시리즈 특유의 개성을 인정하며 좋아하는 작품으로 손꼽은 바 있는 '가오갤' 시리즈는 마블이 제작한 슈퍼히어로 영화 중에서는 상대적으로 작은 규모의 저예산 영화에 속한다. 캐릭터 설정에서부터 비주류 정서로 가득 채운 점도 매력 요소지만 무엇보다 가오갤 멤버들을 '히어로'로 여길 수가 없고 오히려 그 반대라는 점이 흥미를 더한다. 범죄자, 전과자, 수배범 출신 주인공들의 인격은 하나같이 불완전하며 제멋대로다. 그런 멤버들이 '가디언즈 오브 더 갤럭시'라는 팀을 이루게 되고, 겉으로는 서로 티격태격하지만 마음 깊이는 가족과도 같은 정을 나눈다.

우주를 배경으로 한, 엔터테인먼트적 속성을 폭넓게 발산하는 코미디물인 만큼 사운드트랙은 액티브한 올드 팝과 록 음악들이 주를 이룬다. 대개 70년대에 발표되어 차트 순위권에 올랐던 인기 곡들이다. 장르적으로는 과하지 않은 노멀한 록 음악들. 그래서, 가오갤 사운드트랙을 플레이하면 기분이 고양되고, 휴머니티가 느껴지면서도 유쾌했던 영화의 장면들을 떠올리면서 즉각적으로 긍정의 무드에 빠져들게 된다. 사운드트랙을 구성하는 믹스테이프가 피터의 어머니 매러디스 퀼이 손수 추려낸 음악이라는 설정은 비주류 정서와 코믹한 상황이 주도하는 이 영화의 정체성과 잘 어울리고 작품의 개성을 더욱 견고히 하는 데 도움을 준 것 같다. 1편에서 피터가 오브를 얻기 위해 도착한 모라그 행성의 황폐한 공간에 이르렀을 때 불현듯 플레이되는 레드본(Redbone)의 Come and Get Your Love를 떠올려보자. 외계의 신전에라도 이른 듯 장엄함이 흐르고 그러한 사건이 기대되는 가운데 엉뚱하게도 카메라는 피터의 워크맨을 부각시킨다. 지구의 디스코 음악이 울리는 순간 이것이 장면과의 완벽한 미스매치처럼 느껴지는데, 동시에 그것이 이 영화가 가진 개성임을 이해하게 된다. 피터의 워크맨은 어머니와도 연결되어 있기에, 그의 발길이 아무리 먼 우주에 닿는다 해도 지구와의 끈끈함을 소생시킬 수 있는 직관적인 매개체로 작용하기도 한다.

시리즈의 마지막 장인 3편 오프닝 시퀀스를 장악한 인물은 로켓이다. 실험실의 철창 안에서 노웨어로 순식간에 장면이 이동하고 카메라는 로켓을 줌인한다. 피터의 영향으로 지구 음악을 즐기게 된 로켓. 그가 재생하는 음악은 라디오헤드의 Creep이다. 아웃사이더 같은 로켓의 취향에 꼭 맞을 것만 같은 곡. 오리지널이 아닌 어쿠스틱 버전으로 슬프고 처량한 분위기에 한층 더 무게를 실었다. Creep은 라디오헤드 활동 초창기에 만들어진 곡으로, 그룹이 커리어를 쌓아 가며 선보인 얼터너티브 록, 아트 록 성향의 심오한 곡들에 비하면 정말 캐주얼하고 풋풋한 느낌이 난다. 단순한 코드 진행을 이어가며 자기 자신을 비하하고 싶을 만큼 처참한 지경에 이른 심리를 표현해 루저 같은 마음을 비추며 여전히 큰 울림을 준다. 여기서는 비정상적으로 높은 지능을 가진 '라쿤' 한 마리와 함께 들려오기 시작하는데 '여기에 속하지 않는 것' 같은(I don't belong here) 소외감을 느껴본 사람이라면 누구나 공감할 만한 90년대 명곡이라 할 수 있다.

스페이스호그(Spacehog)의 In the Meantime은 1995년 발표된 <Resident Alien>에 수록된 곡인데, 이 데뷔 앨범이 그룹의 대표작이었다. 데이비드 보위(David Bowie)의 음악 같은 글램 록과 사이키델릭한 색채감이 인상적인 곡. 이 노래가 나오던 장면은 원색의 우주복을 입고 오르고를 향해 유영하던 가오갤 멤버들과 함께 뮤직비디오처럼 연출되어 유독 기억에 선명히 남았다.

In the Meantime과 함께 플레이밍 립스(The Flaming Lips)의 Do You Realize?도 영화와 궁합이 잘 맞는 곡이었다. '당신은 깨닫나요? 당신의 얼굴이 얼마나 아름다운지?' 하고 물으며 시작하는 이 곡은 코스믹 분위기로 어필하면서 이 곡이 수록된 앨범 <Yoshimi Battles the Pink Robots>의 주된 테마였던 인간의 죽음, 허무함 등이 깃든 질문들을 던지며 끝을 맺는다. 플레이밍 립스의 뮤직비디오를 보면, 동물이 등장하거나 동물 코스튬을 입은 사람이 등장하는 등 몽상적 장면이 연출되어 있는데, 영화에서 지구를 모방해 만든 카운터어스에 거주하던 휴매니멀들의 모습과 오버랩되는 측면이 있었다.

Ehamic는 일본 뮤지션의 프로젝트 네임이고, 보컬 합성 음악 작업을 주로 해온 것으로 보인다. Koinu no Carnival은 가디언즈 멤버들이 휴매니멀의 집에 초대되어 갔을 때, 집 안에 흐르던 곡이었다. 쇼팽의 '강아지 왈츠'로 잘 알려져 있는 Minute Waltz를 미래적인 분위기로 풀어냈다. 조금 생소하지만 야마하의 보컬로이드(Vocaloid)라는 프로그램으로 보컬 소스들을 미디 음원처럼 활용해 만들어낸 그런 음악이라고 한다.

비스티 보이즈(Beastie Boys)의 No Sleep Till Brooklyn도 눈여겨볼 포인트였다. 하이 에볼루셔너리에 대한 증오가 극에 달해 있는 로켓이 가장 먼저 결투를 위해 돌아선다. 이 노래 자체가 가진 날것 같은 분위기가 분노의 결투 장면에 잘 어울렸다. 비스티 보이즈는 이 곡의 제목을 헤비메탈 그룹 모터헤드(Motörhead)의 No Sleep 'Til Hammersmith에서 따와 자신들만의 콜라주를 완성했다. 비스티 보이즈의 초창기 랩 메탈 곡을 이 결투 장면에 매치시킨 것은, 그러니까 오락성을 증대시키기에 충분했던 것 같다.

첫 시퀀스와 같은 자리인 노웨어의 계단으로 돌아온 로켓. 철창에 갇혀 있던 금발 아이들과 실험용으로 수집된 동물들을 모두 구출한 이후다. 로켓은 플레이어에서 2000년대 음악을 고른다. 노웨어가 거대한 변화를 수용한 만큼 음악을 통해서도 시대의 전환을 모색하는 것으로 읽을 수 있었다. 플로렌스 앤 더 머신(Florence and the Machine)의 Dog Days Are over가 울려 퍼지며 노웨어는 화기애애한 축제 분위기에 접어든다. 이 곡은 부모, 아이들, 형제자매들을 위해 뛴 당신에게 애정과 열망을 뒤로 하고 떠날 수 있도록 용기를 북돋우고 있다. 'Dog Days'는 한여름의 가장 더운 삼복더위를 뜻하는데, 마치 요즘 같은 더위를 말하겠지만, 그만큼 힘든 시기를 지나면 '행복이 선로 위를 달리는 기차처럼 우리를 들이 받을지'도 모른다고 말한다. 이 행복이 내 것인지, 내가 누려도 되는 기쁨인지 의심하지만 이 노래는 그래도 '된다'는, 섬광 같은 깨달음을 향해 나아간다.

마블의 다른 영화들보다도 가오갤 시리즈를 유독 좋아하는 이유는 특유의 마이너 정서를 유쾌하게 풀어낸 연출과 캐릭터들이 개성 있게 그려졌기 때문인 것 같다. 피터, 로켓, 가모라와 네뷸라, 맨티스, 드랙스, 그루트 등 하나같이 결함이 있고 성격도 제각각인 존재들이기에 이들이 하나가 되는 것은 불가능한 일처럼 느껴진다. 'a bunch of a-holes'라는 비아냥을 들을 만큼 잘난 구석 하나 없이 우스워 보이는 조합이지만, 마음 깊은 곳의 커다란 결핍만큼이나 따뜻함과 선함을 가지고 그것을 베푸는 것도 바로 이들이다. 입 밖으로 나오는 모든 말이 '아이 엠 그루트'인 그루트를 떠올리면 어쩌면 그렇게도 많은 말들은 제각각 자기만의 우주를 향해 낙하하는 잔해처럼 부질없다는 생각이 들기도 한다. 아무튼, 가디언즈 오브 갤럭시가 좋다. 어썸

믹스 Vol. 1–3은 영화를 더 애지중지할 수 있는 방법이다. 피터가 워크맨에 대해 늘 그런 것처럼 말이다.

가정적인 말괄량이 소녀, 주노

〈Juno Soundtrack〉 Various Artists

영화 ≪주노≫는 제이슨 라이트먼(Jason Reitman) 감독의 '산후 우울증' 영화 ≪툴리≫의 무대를 십 대 시절로 플래시백하고 있는 것처럼 느껴진다. 엄연히 ≪툴리≫가 ≪주노≫의 속편으로 제작된 영화가 아닌데도 말이다. 제이슨 라이트먼 감독과 디아블로 코디(Diablo Cody) 작가 두 사람의 공동 작업물은 위의 두 편 외에 하나 더 있다. ≪주노≫가 2007년, ≪툴리≫가 2018년작이니, 2011년작 ≪영 어덜트≫를 두 편 사이에 끼워 넣을 수 있다. ≪영 어덜트≫는 직접적으로 출산을 주제로 하지 않고 미성숙한 어른을 주인공으로 삼은 영화다. 만일 이 영화들이 리처드 링클레이터(Richard Linklater) 감독의 "비포 시리즈"처럼, 일찌감치 긴 호흡을 가지고 구상되고 제작되는 3부작처럼 흘러갔어도 재미있었을 거란 생각을 했다.

가장 먼저 이야기하고 싶은 건 작가에 대해서다. 디아블로 코디는 무척 독특한 이력을 갖고 있다. 우선 그녀는 이탈리아계 어머니와 독일계 아버지 사이에서 브룩 모리오(Brook Maurio)라는 이름을 갖고 태어나 자랐고 가톨릭 학교에서 수학했다. 독립을 하고 미니애폴리스로 이주한 뒤 가식 없이 솔직한 태도로 이야기하는 '블로그'를 시작하며 글쓰기를 지속했다. 그러던 중 스트리퍼로 일을 하게 되었는데, 그녀가 가톨릭 학교 출신인 점을 상기해 보면 이는 굉장한 반전에 해당한다. 그녀는 스트리퍼로서의 경험을 글로 써 블로그에 올리기 시작했고, 우연히 한 영화 관계자의 눈에 띄면서 회고록을 써볼 것을 권유받았다고 한다. 그녀는 ≪Candy Girl: A Year in the Life of an Unlikely Stripper≫라는 첫 번째 책을 출판하게 되고, 이 작품은 결국 그녀를 할리우드 영화계에 각본가로 발을 들이도록 이끌었다. 디아블로 코디는 리테일 체인 타겟 매장 내에 위치한 스타벅스에 앉아 각본을 써나갔다고 한다. 그때 그녀는 완전한 무명이었고, 이 이야기를 영화화하는 것에 큰 포부를 두지 않고 그저 샘플을 만든다는 생각으로 글을 이어나갔고, 무엇보다 자신의 경험과 이야기들을 허구적 인물에 빗대어 풀어냈다. 그렇게 탄생한 ≪주노≫의 스크립트를 읽은 제이슨 라이트먼 감독은 이 작품을 영화화하지 않으면 무척 후회될 것 같은 기분에 사로잡혔다고 한다. 이제 와 돌아보면 그녀의 '글쓰기' 이력은 많은 것들에 대해 부연 설명해 주고 있었던 것 같다. 왜 이 영화들이 완전한 영상의 어법으로 지탱되면서도 곳곳에서 사적이고 사소한 감성을 발하는지, 어째서 이토록 무심한 태도로 문학적인 향수를 불러일으키고 이토록 자연스럽게 소녀의 반항적 태도에 대한 친밀도를 높이는지 등에 대해서 말이다. 바로 그런 장점이 고스란히 빛을 내기에 소박한 인디 영화 ≪주노≫는 오스카에서 최우수 각본상을 수상할 수 있었을 것이다.

십 대 소녀의 출산이나 낙태법에 대한 찬반 담론 등은 여전히 큰 사회적 이슈로 자리하고 있다. 미국에서는 '로 대 웨이드(Roe v. Wade) 판결 번복'이 일어날 무렵 ≪주노≫가 서로 상반된 여론의 지지 계층으로부터 언급되었던 모양이다. 영화 개봉 후인 2007년에도 일부 계층에 의해 영화의 일부 장면이 거론되며 '낙태 합법화 반대(anti-choice)'에 대한 긍정으로 오해되는 경우가 있었다고 한다. 2022년 로 대 웨이드 판결 번복이 있기 전, 작가가 직접 나서 그 당시 영화가 취한 태도와 자신의 의견을 보다 투명하게 밝히기도 했다.*

영화가 더 흥미로워지는 건, 처음에 아이를 낙태하고자 하는 생각에 여성센터를 찾았던 주노가 마음을 바꾸고, 결국 아이를 낳아 불임부부에게 입양시키기로 결심하는 부분부터다. 주노가 사는 곳과는 분위기 자체가 다른 동네, 다른 집, 이상적으로 보이는 부부의 모습 주변으로는 입양을 보내는 입장에서 품을 수 있는 의심이 자리할 구석은 조금도 눈에 띄지 않는다. 하지만 주노의 배가 점점 불러가는 동안 그토록 완벽해 보였던 바네사와 마크 부부의 의견은 서로 충돌하게 되고 결국 그들은 결별을 택하게 된다. 두 사람을 믿고 확신했던 만큼 주노의 배신감은 컸고, 결국 그녀는 집으로 돌아가는 차 안에서 울음을 터뜨린다. 아이갖기를 원하는 마음이 남다른 바네사는 누가 봐도 아이를 양육할 자격이 있는 준비된 여성으로 그려졌다. 바네사는 내게 주노의 의붓어머니 브렌다만큼 기대치 않은 감동을 준 인

* https://www.indiewire.com/features/general/juno-diablo-cody-horrified-anti-choice-roe-v-wade-1234742508/

물이었는데 그녀의 절제된 애절함이 각별하게 느껴졌다. 비록 남편과는 헤어지게 되지만 결국 그녀는 주노와의 약속을 지키게 된다. 왜냐하면 그녀는 그럴 자격이 충분히 있으니까.

영화를 더욱 재미있게 만드는 건 역시 음악이다. 사운드트랙에 실린 노래들도 흥미롭지만 주노와 마크가 공동의 관심사인 '음악'으로 서로 대화를 나눌 때 주고받는 이야기들도 결코 간과할 수 없는 영화의 조각들이었다. 더 스투지스(The Stooges), 패티 스미스(Patti Smith), 더 런어웨이즈(The Runaways) 등 주노가 좋아하는 강렬한 펑크 록 음악들은 그녀의 입으로 말해질 뿐 사운드트랙에 등장하지는 않는다. 그녀가 좋아하는 음악가들은 말하자면 꽤나 개성 강하고 '쎈' 음악들인데, 음악을 비롯해 한 사람의 문화적 취향이 그 캐릭터에 대해 어느 정도 짐작하게 만든다는 사실을 떠올리면 위의 목록들은 주노의 캐릭터에 입체감을 부여한 리스트였음을 확인하게 된다. 주노와 블리커가 듀엣을 이뤄 노래하는 엔딩이 두 사람의 미래를 낙관하게 만든다면, 실제로 음악인인 마크는 절망적인 일상을 여지없이 드러내는 현실감으로 무장한 캐릭터다. 자신을 집에서 작업하는 작곡가라고 소개하자, 주노는 '브람스 같은 거예요?'하고 순진하게 되묻는다. 그는 냉소적이고 심드렁하게 '아니, 그냥 상업 음악 만들어.' 하고 대답한다. 그걸 통해 이처럼 환한 부엌을 만들었다며 씁쓸한 어조로 덧붙여 말한다.

주노 역을 맡은, 엘렌 페이지였던 엘리엇 페이지(Elliott Page)가 제이슨 라이트먼 감독에게 직접 추천한 음악이 몰디 피치스(The Moldy Peaches)였다고 한다. 몰디 피치스의 Anyone Else but You는 오리지널과 두 주연 배우가 커버하는 엔딩 버전 두 가지 모두 실려 있다. 원곡이 워낙 홈메이드 성향을 내세우고 있기 때문에 얼핏 들으면 현장 녹음된 엔딩 버전과 큰 차이를 못 느낄지도 모른다. 몰디 피치스의 여성 보컬 킴야 도슨(Kimya Dawson)의 음악도 몇 곡 실려 있다. 안티-포크(Anti-folk)와 펑크 에스테틱을 결합한 것 같은 그녀의 음악은 시적 이미지를 창출하면서 솔직 담백한 가사들로 특유의 개성을 뽐낸다.

소닉 유스(Sonic Youth)의 Superstar는 극중 마크가 주노에게 좋아하는 곡이라며 들려주는 장면에서 흘러나온다. 카펜터스 알지? 네, 알죠. 소닉 유스가 커버한 것은 안 들어 본 주노는 그 곡을 처음 듣고는 괜찮다고 생각한다. Superstar는 소닉 유스의 메인 컬러를 보여주는 노래라고 할 수는 없지만, 무척 차분한 톤으로 운치 있는 분위기를 만들며 스토리의 흐름에 특별한 여운을 형성한다.

애니메이션으로 처리된 오프닝 시퀀스에서 흐르던 배리 루이스 폴리사르(Barry Louis Polisar)의 All I Want Is You는 햇살 같은 경쾌함을 드리웠다. 첫 곡으로 등장한 이 노래가 영화를 희망적 결말로 나아가도록 계속해서 보이지 않는 애정으로 서포트하고 있었던 건 아닐까? 배리 루이스 폴리사르는 어린이 음악과 동화 등을 쓴 작가이자 싱어송라이터다. 스코어 작업을 맡은 마테오 메시나(Mateo Messina)는 감독으로부터 킴야 도슨의 음악을 전달받은 뒤 그와 유사한 분위기를 내어 달라는 요청을 받았다고 한다. 사운드트랙에 수록된 유일한 스코어 곡 Up the Spout는 그렇게 탄생한 곡이다. 그는 주노의 독특한 캐릭터를 음악으로 풀어내는 방법으로 그녀의 것과 유사한 뭉툭한 톤의 기타를 이용했다.

영화 ≪주노≫의 사운드트랙은 그래미의 'Best Compilation Soundtrack Album for Motion Picture' 부문에서 수상을 했다. 감독과 프로듀서가 공동으로 상을 받았는데, 이미지 검색을 해보니 감독상도 아닌 음악상인데도 어쩐지 그의 표정이 무척 밝아 보였다. 이너슬리브에 실린 그의 메시지를 읽어 보면 그 이유를 짐작할 수 있을 것이다. 그가 음악에 쏟은 애정은 연출에 쏟은 것 못지않았기 때문이다. 영화라는 공동 작업이 자신을 비롯해 여러 스태프들 모두에게 감동으로 돌아오던 순간을 경험했기 때문이다.

다큐 영화, 전기 영화, 예술 영화가 아닌 코엔 형제의 음악 영화

〈Inside Llewyn Davis Soundtrack〉 Various Artists

조엘 코엔(Joel Coen) 감독이 학업을 위해 뉴욕으로 갔을 때는 1970년대 초반이었다. 영화에 다루어진 60년대의 흔적들이 젊은 그를 스쳐 지나갔을 것이다. 1960년대 미국은 포크 음악의 부흥기, 즉 '리바이벌(Revival)' 시기를 맞았다. 뉴욕 그리니치 빌리지 지역을 중심으로 우디 거스리(Woody Guthrie), 리드 벨리(Lead Belly), 데이브 반 롱크(Dave Van Ronk) 등 수많은 뮤지션들이 포크 신을 장악하고 있었다. '리바이벌' 운동은 1970년대까지 지속됐다. 이 시기가 중요했던 것은 혜성 같은 밥 딜런(Bob Dylan)의 등장 때문이기도 하지만 포크 신이 비트 무브먼트나 히피 문화와 접점이 되기 때문으로 여겨진다. 영화에서도 그런 디테일들이 코엔 형제만의 과묵한 화법으로 필터링 되어 잘 전달되고 있었던 것 같다.

코엔 형제의 ≪인사이드 르윈(Inside Llewyn Davis)≫은 포크 뮤지션 중에서도 데이브 반 롱크의 생애를 모티프로 삼았다. 정확히는, 포크 뮤지션의 사후에 출간된 회고록 ≪The Mayor of MacDougal Street≫을 흥미롭게 읽은 두 감독이 그의 에피소드들을 각색하여 허구적 인물 '르윈'을 통해 풀어낸 것이다. 데이브 반 롱크는 낮에는 선원으로 일하고 퇴근 후 클럽에서 공연을 하며 음악 활동을 이어갔다고 한다. 원래는 딕시랜드(Dixieland) 재즈 연주자였는데 포크로 전향을 했다. 당시에 수요는 재즈 쪽이 훨씬 많았는데 그는 돈이 되지 않는 포크 음악에 열정을 쏟았던 것이다. 어째서 그토록 무모했던 걸까? 단지 그가 포크 음악 속에서 진정성에 닿는 가치를 발견했고 그것을 좇았기 때문이다. 바로 그 점이 코엔 형제에게는 그들의 작업에서 종종 질문하거나 풀어보고자 하는 생의 모순에 맞닿아 있는 것으로 여겨져 특별히 그의 이야기가 흥미로웠다고 한다.

영화 속에서 르윈은 결코 실력 없는 뮤지션으로 그려지지 않았다. 단지 인기가 없거나 메이저가 되기엔 어딘가 부족한 점이 있을 뿐이다. 그가 너무 진지하고 어두워 보이기 때문일 수도 있다. 반면 짐은 음악 실력도 출중한데 유쾌한 끼를 방출하는 풍자적 뉘앙스의 '프로테스트' 송도 멋지게 소화할 줄 안다. Please Mr. Kennedy는 The Goldcoast Singers의 64년작 Please Mr. Kennedy Don't Send Me off to Vietnam이라는 원곡에서 베트남을 '우주'로 장소 전환하여 개사해 새로 쓴 곡이라 한다. 영화 음악을 담당한 티 본 버넷(T Bone Burnett)과 짐 버클리 역을 맡은 저스틴 팀버레이크(Justin Timberlake)가 함께 진귀한 중고품들을 취급하는 기타 상점을 뒤져 빈티지 기타를 고르기도 했다. 왠지 60년대 포크 음악이라 하면 데이브 반 롱크를 모델로 한 르윈의 곡처럼 침울한 것들이 주를 이룰 것 같은데, 짐이 들려주는 음악들을 통해 포크 장르 안에서도 다양성에 접근하도록 자연스럽게 음악의 바운더리를 확장하고 있는 점이 보기 좋았다. Please Mr. Kennedy를 통해 유쾌함을, 500 Miles를 통해 하모니와 선율의 부드러움을 경험하게 만든다. 대타로 고용된 르윈이 콜롬비아의 녹음실로 달려가는 장면을 되새겨 보자. 그가 짐과 알 코디와 호흡을 맞추는 장면을 보면 르윈은 불과 1미터도 떨어지지 않은 거리에서 짐과 마주 앉아 그의 지시에 따르며 노래를 보조한다. 만화 주제가를 방불케 하는 이 곡은 혼을 쏙 빼놓을 만한 업비트의 코믹한 저항정신으로 무장했다. '플리즈'라고 하면 될 것을 '프, 프, 프 플리즈'라고 과장해야 하는 것이 르윈에게는 좀처럼 이해되지 않지만 궁핍한 처지에 찬밥 더운밥 가릴 때가 아니라는 씁쓸한 현실도 이 장면 속에 담겨 있었다.

어렵게 도착한 시카고의 클럽 "뿔의 문"에서 르윈은 오디션 볼 기회를 얻는다. 하지만 그의 노래는 너무 무거운 주제를 다루거나 빈틈없이 진지하며 비극적이다. 끝없이 대상을 만나며 일대일의 대화를 이어온 르윈이었지만 정작 속내는 아무에게도 털어놓을 수 없었다. 자기 자신에게조차도. 그래서 그는 노래로 자신의 비극을 전달한다. 그에게 노래는 일이기도 하지만 자기 삶에 대한 위로임을 확인할 수 있는 부분이었다. 가만히 그의 노래를 들은 뿔의 문 주인은 그의 면전에서 '돈이 안되는 노래(I don't see a lot of money here)'라고 독설을 한 뒤, 그래도 그의 실력 하나 만큼은 인정하며 팀을 이루는 것이 좋겠다는 조언을 한다. 그의 조언은 객관성 있고 실리적이었다. 하지만 그건 르윈이 원하는 답이 아니었다. 꿈의 실현, 혹은 꿈 꿀 권리를 보다 타당하게 유지하고자 하는 이에게 타자의 가면을 쓰고 나타난 현실이 제안하는 카드는 '타협'이다. '당신은 이 어려운 요구를 어느 정도 들어줄 수 있는가?', 그리고 그것이 '어느 정도'냐에 따라 기대할 수 있는 보상은 달라진다. 코엔 형제는 르윈의 내면적 갈등을 '성공을 두려워하는 모습'으로 해석해 그려냈다. 그래서 르윈은 자기 삶에 드리워진 비극의 쳇바퀴 속을 돌고 돌기만 한다.

음악 프로듀싱을 맡은 티 본 버넷(T Bone Burnett)은 텍사스 출신의 뮤지션이자 프로듀서다. 그래서 텍사스를 배경으로 한 코엔 형제의 초기 작품 ≪블러드 심플(Blood Simple)≫을 보고 무척 공감을 했고, ≪아리조나 유괴 사건(Raising Arizona)≫을 보고는 영화 속에 그려진 디테일들이 너무도 친밀하게 느껴져 결국 감독에게 전화를 걸었다고 한다. 자신도 놀랄 만큼 충동적이었던 그의 전화는 두 감독들과 영화를 매개로 한 우정을 이어가는 계기가 되었다. 티 본 버넷은 솔로 작업도 있지만 프로듀서나 영화 음악 활동으로 더 이름이 알려진 측면이 있다. 엘비스 코스텔로(Elvis Costello), 로이 오비슨(Roy Orbison), 커샌드라 윌슨(Cassandra Wilson), 윌리 넬슨(Willie Nelson) 등 그의 프로듀싱 작업은 1980년대부터 현재까지 계속 이어지고 있다. 대중음악뿐 아니라 영화 음악 작업도 많이 해오고 있는데, 코엔 형제의 영화 ≪오, 형제여 어디에 있는가?(O Brother, Where Art Thou?)≫의 사운드트랙 작업도 그가 맡았다. 미국 포크 음악의 근원에 맞닿아 있는 블루스, 블루그래스, 가스펠, 컨트리 등의 트랙들로 채워져 있다. 그래서, ≪인사이드 르윈≫이 한 허구적 인물의 불운한 일주일에 초점을 맞춘 개인적이고 사색적인 작품이라 해도 전체적으로는 포크 음악 리바이벌 시기를 조명하고 있기 때문에 ≪인사이드 르윈≫ 사운드트랙은 ≪오, 형제여 어디에 있는가?≫의 연장 선상에 놓인 앨범으로 이해할 수 있다.

'음악 영화'인 만큼 인물들이 실제로 라이브로 공연을 하는 장면들이 포함되어 있다. 가스등 카페에서 르윈이 Hang Me, Oh Hang Me를 부르는 것이 오프닝이었는데 그의 동료들이 같은 무대에 차례로 오른다. 휴가 나온 군인 트로이가 부르는 곡은 톰 팩스턴(Tom Paxton)의 구슬픈 포크송 The Last Thing on My Mind이다. 이후 짐과 진이 무대에 올라 트로이와 함께 3인조가 되어 노래 부르는 장면은 피터, 폴 앤 메리(Peter, Paul and Mary)를 재현한 것으로 여겨진다. 500 Miles의 원곡은 헤디 웨스트(Hedy West)라는 여성 포크 뮤지션으로부터 왔다. 헤디 웨스트는 조안 바에즈(Joan Baez), 주디 콜린스(Judy Collins)와 함께 포크 리바이벌 신을 이끌던 여성 뮤지션 중 한 사람이었다. 밴조 연주와 함께 시원하면서도 리듬감 있는 그녀의 노래를 들어보니 피터, 폴 앤 메리조차 가공된 음악 같다는 인상을 받는다. 그녀는 르윈처럼, 혹은 데이브 반 롱크처럼 대중이나 기성적 가치를 덜 의식하는 것 같다고 할까. 따지고 보면 포크 음악은 어디선가 교육받는 것도 아니고, 단지 이웃이나 부모, 조부모로부터 전해 듣는 이야기처럼 후손들을 통해 물 흐르듯 내려온 것이 주요한 특징 아니던가. 그러니 그 원천에는 필연적으로 삶이 녹아 있고, 자연스러움이 깃들게 된다. 그런 느낌을 더 강조하는 트랙이 바로 이 사운드트랙에서 두 가지 버전으로 수록되어 있는 Fare Thee Well(Dink's Song)이다. 민속 음악을 연구하던 학자 존 로맥스(John Lomax)가 강가에서 빨래를 하던 한 흑인 여성이 흥얼거리던 노래를 듣고 녹음을 한 것이 이 곡의 기원이라고 기록되어 있다. 워낙 슬프고 아련한 이야기와 곡조로 이루어져 있어서 어떤 사람이라도 귓가에 이런 노래가 들려온다면 걸음을 멈추고 가만히 귀기울였을 것 같다. 그 여성을 Dink라고 불러서 이 곡에 Dink's Song이라는 부제가 붙었다.

오프닝과 닮았으면서도 약간은 다르게 연출된 엔딩은 곱씹어 볼수록 흥미로운 구석이 있다. 르윈은 공연을 마치고 가스등 주인으로부터 '친구'가 부른다는 이야기를 듣고 뒷문을 향해 걸어 나간다. 그의 다음 순서로 무대에 오른 신인 뮤지션을 슬쩍 곁눈질하면서. 무대에 오른 사람은 누가 봐도 밥 딜런이다. 하지만 카메라는 밥 딜런이 아니라 르윈을 따라간다. 르윈이 뒷골목에서 또 한 번 두들겨 맞고 비참한 순간을 겪는 동안 무대로부터 밥 딜런의 노래는 계속 이어진다. 엔딩 크레딧이 오를 때까지. 이 장면은 마치 르윈에게 '(밥 딜런에 비하면) 역시 넌 정말 아무것도 아니야, 고양이나 잘 데리고 다니렴!' 하고 신랄하게 조롱하는 것만 같다. 코엔 형제는 밥 딜런의 음악을 무척 좋아했다고 하는데, 그들의 우상을 영화에서 이렇게, 중심에 두지 않고 끄트머리에 빗금처럼 배치한 것도 참 창의적인 방식이라는 생각을 했다.

더불어 생각해 본 것은 '음악 영화'라는 타이틀이 부여되면 영화를 보기 전에도 대강의 청사진이 쉽게 그려지는 경향이 있다는 점이다. 적어도 형식적인 면에서 말이다. 크게 보면 직접적으로 음악을 영화 내부에 도입하는 뮤지컬 형식이나 인물 중심으로 스토리에 녹여 풀어내는 방식, 아니면 사실적으로 인물을 조명하는 다큐 형식 등을 자주 경험했던 것 같다. 코엔 형제의 ≪인사이드 르윈≫은 '음악 영화'라는 타이틀을 붙이기보다 그냥 코엔 형제가 늘 해오던 방식의 작품의 배경이 특정 시기의 음악 신으로 설정되어 있다는 설명이 더 적합할 거라고 생각된다. 위에서 내가 '음악 영화'에 대해 범주화를 했다면 ≪인사이드 르윈≫은 그 안에 넣기가 꺼려진다는 이야기다. 워낙 감독의 색채가 분명하기 때문이겠지만, 그렇다고 작품의 음악적 가치가 영화보다 떨어진다고는 '절대로' 말할 수 없다. 이건 너무도 풍미가 짙고 정갈한 포크 리바이벌 테마의 사운드트랙이다. 반복해 들으면 들을수록 르윈을 연기한 배우 오스카 아이작(Oscar Isaac)의 노래에 심취하게 된다. 그의 노래와 연주에 기교가 없는 것 같지 않은데 과시하지 않는다. 바로 그 점이 특별히 라이브를 부각시키지 않고 영화의 내러티브 속에 잘 녹아들었던 게 아닐까 싶다. 오디션 보는 클럽 주인도 아닌 내가 무심코 레코드를 흘려듣다 보면 The Death of Queen Jane은 주제의 깊이가 남다른, 진정한 명곡이란 생각도 하게 된다.

머릿속의 두껍고 단단한 얼음덩어리

〈First Two Pages of Frankenstein〉 The National

올봄에 나온 더 내셔널의 <First Two Pages of Frankenstein>은 대체로 낯익은 그들의 음악을 들려준다. 안정적인, 침착하고 아늑한 사운드로 감싸여 있지만 내면은 혼돈스러운 다소 우울한 톤의 트랙들. 송라이팅 시스템도 이전과 유사하게, 아론과 브라이스 데스너 형제와 보컬 맷 버닝어가 서로 멜로디와 가사를 주고받는 식으로 이루어졌고, 예전에 그랬던 대로 맷의 아내 카린이 작사에 참여하기도 했다. 한 가지 눈에 띄는 점이라면, 동시대 인디 록 신에서 왕성한 활동을 해나가고 있는, 이 분야에서는 거의 거물급이라 부를 수 있는 객원 보컬들이 참여하고 있다는 것이다. 고전 소설 '프랑켄슈타인의 처음 두 페이지'라는, 수수께끼 같은 더 내셔널의 아홉 번째 앨범이라는 사실 외에도 수프얀 스티븐스(Sufjan Stevens), 피비 브리저스(Phoebe Bridgers), 테일러 스위프트(Taylor Swift)의 이름을 확인하고는 잘 어울린다는 직관적인 첫인상과 함께 어떤 결과를 가져왔을지에 대한 궁금증이 커졌다.

하지만 앨범 작업은 순조롭게 진행되지 않았다. 이전 작업이던 <I Am Easy to Find> 이후 더 내셔널 멤버들은 각자의 작업에 치중하는 시기를 보냈다. 맷 버닝어는 자신의 솔로 앨범 작업을, 브라이스 데스너는 영화 음악, 아론 데스너는 저스틴 버논(Justin Vernon)과 결성한 프로젝트 그룹 빅 레드 머신(Big Red Machine)의 앨범 작업과 테일러 스위프트의 <Folklore> 프로듀싱, 그룹에서 베이스와 드럼을 맡은 스콧과 브라이언 데벤도르프 형제 또한 다른 뮤지션들과의 작업을 해나가게 되었다. 멤버들 전원이 이토록 '개별적' 활동에 치중하면서 팀웍을 분산시키는 시기를 맞이한 건 이번이 처음이었다. 보컬 겸 작사와 멜로디를 주로 담당하는 맷 버닝어는 앨범 작업 초기에 흔히 'Writer's block(작가의 창작력 둔화)'이라 부르는, 난관에 부딪쳤다.

꼭 이 그룹만의 문제가 아니라 창작자들은 종종 이와 같은 '슬럼프'를 겪는다. 매일매일 그럴듯한 영감을 얻으며 순탄하게 작업을 지속해나가는 창작자가 얼마나 될까. 영감이 넘쳐나는 것 같을 때도 있지만, 한없이 부족하게 느껴질 때도 있다. 때로는 막막한 백지를 마주 보며 자신의 한심함을 탓해야 하고 속에 든 무언가를 쥐어 짜내도 만족스럽지 못할 때가 많다. 창작자는 더 이상 작업을 진행할 수 없을 것 같은 상황에 직면한다. 그때가 되면 잠시 작업을 중단하거나 작업에서 조금 떨어져 거기에서 자신을 분리하면서 새로운 시각을 가져보는 것이 가장 흔한 차선책으로 제시되는 것 같다. 그런 다음 다시 작업을 향해 다가갈 때는 기존에 세워진—자기 자신이 쌓아 올린—룰을 부수고 처음부터 다시 새롭게 재창조하는 경우도 더러 볼 수 있었다. 그렇다면 그것은 단순히 '슬럼프'라고 부를 것이 아니라 익숙한 패턴에 짓눌려 동어반복적인 수순으로 나아가지 않고 새로움을 향해 돌파해 내는, 그러니까 새로운 시도가 절실히 필요했던 시기라고 보아야 할 것이다. 결과적으로는 반드시 필요하고 한층 도약한 결실을 맺는 과정이지만 막상 그런 순간을 맞닥뜨리면 누구라도 고역을 치러야 한다. 여덟 번째 앨범까지 큰 삐걱임없이 일궈 내온, 어느덧 '중견'에 이른 록 밴드에게도 자신들의 팔레트를 조금 더 다양한 색으로 합성해 볼 낯선 시도가 필요했다.

맷 버닝어는 메리 셸리(Mary Shelley)의 소설 ≪프랑켄슈타인≫을 집어 들었다. ≪프랑켄슈타인≫은 한 생명체 '크리처(Creature)'를 창조한 과학자 빅터 프랑켄슈타인이 자신이 창조한 생명체를 괴물로 여겨 도망을 치고, 그 생명체는 자신의 요구를 들어주지 않는 빅터에게 앙심을 품어 그의 가족들을 살해하고, 결국 자신의 창조주를 비극으로 몰아간다는 파멸적 줄거리의 소설이다. 이 소설의 초반부는 북극 탐험가 월튼이 누이에게 쓴 편지로 이루어져 있다. '프랑켄슈타인의 처음 두 페이지'는 북극으로 탐험을 떠나기 전 상트 페테르부르크에 머물던 월튼이 북방의 차가운 바람을 감각하고 그곳의 해가 영원히 지속된다며 미개척지인 북극의 신비와 아름다움을 생생하게 전달하는 편지글로 채워져 있다.

맷 버닝어는 창의적 재료가 고갈되었다고 느낄 때 이전부터 자리해 있던 그림자 같은 불안과 함께 번져간 우울이 침범한 자신의 머릿속을 바로 이 북극 이미지처럼 광활하고 소름 돋도록 차갑다고 여겼다. 앨범의 리드 싱글이었던 Tropic Morning News를 쓰면서 그는 두껍고 단단한 이 얼음덩어리를 깨부술 수 있었다. 노래는 이렇게 시작된다. '난 아직 시작하고 있지도 않았어, 난 당신이 들을 거라고 생각하지도 않았지 / 난 뭔가를 말할 준비도 전혀 되지 않았어, 뭔가 흥미로운 그 어떤 것에 관해 말이야(I wasn't starting yet, I didn't even think you were listening / I wasn't ready at all to say anything about anything interesting)'. 그는 은유적인 장치를 덧입히는 작법을 내려놓고 감정 그대로를 일기처럼 솔직하게 털어놓고 있다. 혼돈스러운 의식의 부정적인 서술 속에서 그는 자신을 책망하기를 지속하면서 자신과의 관계 맺음을 거두지 않는다. '나는 내가 누설한 것보다 더 많은 고통을 겪었고 / 열대의 아침 뉴스가 나왔어 / 이제 나를 막을 수 있는 건 아무것도 없어 / 고통스러운 부분들을 큰 소리로 말하게 됐어(I was suffering more than I let on / The tropic morning news was on / There's nothing stopping me now / From saying all the painful parts out loud)'. '열대의 아침 뉴스'는 이미 고통받은 내가 큰 소리로 상처를 토로하기를 허용하는 실마리가 된다. 북극의 반대편에 놓이는 열대 지방의 뉴스는 기막히도록 따분한 일상의 한 조각으로 작용하는 것이 아니라 절실한 생존과 수단의 원천으로 재창조된다. 두 공간의 극명한 대비를 통해 화자가 느낀 고통은 더 깊이 드러나고, 그와 비례해 위기 상황을 돌파하고자 하는 의지도 더 강렬해지는 것으로 나타난다.

제법 불길한 분위기를 드리우는 Eucalyptus는 그룹의 노랫말이 늘 그래왔듯 무심하고 미스터리하게 이미지나 정황을 던져 놓는다. 여기에서 어떤 일목요연한 인과를 기대하기 어렵고 단지 노래를 듣는 일이 서정적인 멜로디에 발 묶여 제대로 떠오르지 못하는 몽상 같은 이야기들을, 어떤 극점에 오른 고뇌의 흔적들을 보게 할 뿐이고 그저 그것들을 눈 깜짝할 사이에 흘려보낼 뿐이다. '레인보우 유칼립투스는 어떤가? 악기들은? 카우보이 정키스는 어떤가? 아프간 위그스는? 마운틴 밸리 스프링은? 장식품들은? 만일 내가 처음부터 다시 만들어낸다면 어떨까?(What about the rainbow eucalyptus? / What about the instruments? / What about the cowboy junkies? / What about the Afghan Whigs? / What about the mountain valley spring? / What about the ornaments? / What if I reinvented again?)', 허상같이 느껴지는 이미지들은 다른 무엇으로 바꾼다 해도 그리 문제될 것 같지 않다. 하지만 '만일 내가 처음부터 다시 만들어낸다면 어떨까' 하는 물음은 다른 무엇으로 대체될 수 없는 화자의 내면에 깊이 밴 목소리이자 이 이야기를 촉발시킨 근원일 것이다. 이 곡을 확대해서 예술가의 삶에 대입해 보면 유칼립투스 풀잎의 독성처럼, 창작자는 종종 주류 사회나 체제에 반하며 마음으로 '독으로 가득한' 양분만을 섭취하며 살아가는 존재는 아닐까 하는 생각이 들었다. 하지만 그들은 기적처럼 생존해 작품을 생산해 나가고 자기만의 업적을 쌓아 올린다. 생리학적 특이성으로 인해 오직 독성이 든 유칼립투스 잎만을 먹고 살아가는 코알라들처럼, 그는, 혹은 예술가들은 일상 속에서 언제나 생존에 가까운 투쟁을 하며 버티는 것은 아닐까.

그렇더라도 이 앨범을 '예술가의 고달픈 현실 반영'만으로 읽어낸다면 아쉬움이 상당히 크게 남을 것이다. 수프얀 스티븐스와 피비 브리저스의 참여 곡에서 그들의 색깔이 옅게 물들어 있던 반면 테일러 스위프트가 참여한 The Alcott은 지극히 테일러 스위프트 곡다운 느낌이 들었다는 식의 감상 정도는 남겨야 할 것 같다. 그리고 몽환과 비타협과 치밀한 구성이 뒤섞여 요동치는 듯한 사운드와 노이즈를 따라가다 보면 어느샌가 부풀어 오른, 대체로 내가 묵인해왔다고 여겨지는 비탄을 느끼고 짧게나마 위로를 받는 기분이 든다.

전체적인 이야기의 흐름에서 다소 벗어나기 때문에 언급하지 못했지만, New Order T-Shirt는 빠뜨리고 싶지 않은 곡이다. '내가 할 수 있는 정도의 당신을 간직해 / 찰나의 순간을 엿볼 수 있는 스냅샷과 사운드(I keep what I can of you / Split-second glimpses and snapshots and sounds)', 이 곡은 대상을 아끼는 마음을 내보이고 있었고, 다른 곡들이 드러내던 심리적인 고뇌와 혼돈보다는 관계와 추억에 집중하면서 다소 센티멘털한 정서로 이끌어가던 제법 '건강한' 곡이었다. 이 곡에서 내가 가장 좋아하는 구절은 바로 이거다. '당신은 켄터키 수족관에 있어요 / 구석에 있는 상어와 대화 중(You in a Kentucky aquarium / Talkin' to a shark in a corner)'. 수족관이란 내 개인적 추억이, 더 내셔널과 완전히 동떨어진 나의 추억이 이곳에서 뒤섞일 수 있음은 문학이나 음악 등 언어를 기반으로 한 예술 작품이 수여하는 별난 아이디어고 별난 동질감에 다름 아닐 것이다.

'본질'을 생각하고 각인하다

〈The Record〉 Boygenius

보이지니어스의 첫 공동 작업물이던 싱글 <Boygenius> 발표 후 5년이 흘렀다. 루시 다커스(Lucy Dacus), 줄리언 베이커(Julien Baker), 피비 브리저스(Pheobe Bridgers) 세 사람의 프로젝트—그런데 더 이상 '프로젝트 그룹'이라고 가볍게 불러선 안될 것 같다—그룹 보이지니어스가 첫 정규 앨범을 발표한 것은 올해 3월, 타이틀은 'The Record'. 셀프 타이틀이던 'Boygenius' 만큼 단순하고 멋없는 평범한 제목이다. 이렇게 단순한 타이틀명을 고안해낸 배경에는 뭔가 더 비워내고 더 본질에 충실하려는 마음이 있었을 거라 유추하게 된다. 그러면 이 여성 뮤지션들이 하나가 되어 토로하거나 표현하기를 시도했던 '본질'적인 것들은 무엇이었을까?

'Boygenius'라는 그룹명은 남성에게 주어지는 권위와 여성에게 기대하거나 주어지는 것이 다른 사회 시스템에 반해 제시된 이름이라고 한다. 남성도 여성도 아닌 '천재 소년'의 독자적 형상을 탄생시켰다. 멤버 전원이 성 소수자인 만큼 이들의 음악 작업에 있어 젠더 문제는 음악보다 멤버들 개인의 삶에 더 밀착해 있는, 결코 빼놓을 수 없는 존재의 '본질'적 요소 중 하나에 해당한다고 볼 수 있다. 라이브 무대에 오른 이들이 검은 수트에 넥타이를 한 중성적 차림으로 나타난 것도 젠더 이슈에 관한 퍼포먼스적 행위로 이해할 수 있을 것이다.

아카펠라 형식의 첫 곡 Without You Without Them은 그 수수한 형식으로 인해 메시지가 더 투명하게 전달되고 있다. 이 분위기는 현대 서양 음악의 구체적 기틀이 된 교회 음악이나 성가를 연상케하는데, 음악적 '본질'을 향한 그들의 예술적 추구를 보여주는 적절한 단서라는 생각이 들었다.

이어지는 2, 3, 4번 트랙에서는 각 멤버들이 솔로로 곡을 소화하는데 곡마다 저마다의 개성이 잘 묻어난다. 달리 표현하면 세 곡은 분위기가 서로 극명히 갈라진다. 줄리언 베이커가 리드하는 $20는 얼터너티브 기반의 밴드 사운드와 저돌적인 돌파력으로 이끌어가는데, 몽환적인 파트도 들어 있고 비유하자면 다양한 색감과 무늬로 촘촘히 엮인 패치워크를 보는 기분이다. 피비 브리저스가 메인 보컬로 노래하는 Emily I'm Sorry는 특유의 창백한 목소리와 세심히 가공한 듯한 내향적 감성의 발라드를 들려준다. 루시 다커스의 Ture Blue는 다른 두 멤버들보다 낮은 음색과 느린 템포로 또 다른 분위기를 제시하고 있다. 잔향감이 가득한 기타 리프와 함께 리듬 파트도 필터링이 된 듯 흐리고 아득한데 이 곡은 내러티브적 단서를 파악할 수 있는 가사로 울림을 준다. 'true blue'는 충실성을 가진 사람을 의미하고, 이 곡에서는 '진정한 사랑', 그러니까 '본질적인 사랑'을 의미하는 것으로 이해할 수 있다.

Without You Without Them 이후 세 사람이 공동으로 노래하는 Cool About It은 싱글 <Boygenius>에 수록됐던 Souvenir를 언뜻 떠올리게 하는 포크 발라드 곡이다. 하지만 Cool About It은 Souvenir에서 한 걸음 더 나아갔다. 그러니까 감정을 더욱 솔직하게 털어놓았고, 그래서, 그 이야기에 공감한다면 공감하는 만큼 마음이 아플지 모른다. '난 쿨하려고 애를 써 / 완전히 바보 같은 기분이지만 / 당신이 잔인할 만큼 친절하기를 바라며 / 언제나 잘 해나갈 수 있다고 나 자신에게 말하면서 / 실제론 그렇지 않으리란 걸 알면서도(I'm trying to be cool about it / Feelin' like an absolute fool about it / Wishin' you were kind enough to be cruel about it / Tellin' myself I can always do without it / Knowin' that it probably isn't true)'. Not Strong Enough에서도 현실과의 괴리, 착란, 불화의 이야기를 이어간다. 피비 브리저스는 이 곡을 설명할 때 자기혐오와 신 콤플렉스(God Complex)를 가진 인물에 관한 이야기로 풀어냈다고 말했다. 자기만의 관념에 사로잡혀 원활한 사고를 하지 못하고, 실제로는 그렇지 않지만 그런 생각에 깊이 빠져들게 되며 결국 그릇된 방향으로 자신을 몰아가게 되는 경우. 세 사람이 Always an angel never a god을 되풀이해 부르는, 말 그대로 이 비극의 클라이맥스에 해당하는 코러스 부분을 들을 때 감정이 무척 고양된다고 느낀다. 이들이 애초에 밴드로 결성된 것이 아니라는 사실을 떠올리며, 싱어송라이터로 활동하던 세 사람이 그룹을 이루어 하는 노래에서 그들이 모두 빼어난 보컬이라는 사실이 여기에서 빛을 발하는 것 같다.

또 다른 재미있는 곡은 Satanist였다. 파괴적 태도와 삐딱한 음조가 스며 들어 있고 왠지 너바나를 떠올리게 해 특별히 흥미로웠다. 그래서 여기에서 다시 젠더 이슈를 돌아보게 되었다. 이를 남성 밴드 스타일의 곡을 여성 밴드가 소화해낸 것으로 이해하는 것이 아니라 보이지니어스의 재해석이라는 관점을 드리우면서 젠더라는 라벨을 떼어낼 수 있고, 어떤 새로운 해석의 지평이 열리는 것을 확인할 수 있었다. 젠더에 관한 민감성이 없었다면 그런 것에 대체로 무심한 나로선 결코 알지 못했을 부분이고, 그래서 '세 여성 뮤지션'의 그룹, '세 여성 뮤지션'의 콜라보 같은 고리타분한 수식어들만 떠올렸을 것이다. 하지만 적어도 여기서 '여성'이란 수식어를 붙이고 싶다면 그 전에 까다롭게 따져 보아야 한다고 생각했다. 여성의 레코드가 아니라 록 레코드라고 부르는 것이 좋을 것이다.

나만 그런 게 아니라 우리 모두

〈And in the Darkness, Hearts Aglow〉 Weyes Blood

<And in the Darkness, Hearts Aglow>는 나탈리 메링(Natalie Mering)의 네 번째 앨범 <Titanic Rising>의 연장선상에 놓인다. 전작이 임박한 불길한 징조들을 예감하는 시점의 기록이라면 새 앨범은 예견된 징조들이 불가항력적으로 일어나고 거기에 깊이 연루되어 있는 상황을 그린다*는 것이 그녀의 설명이다. 그러니 와이즈 블러드의 음악은 기본적으로 절망적이고 어둡게 느껴질 수 있다. 포크 싱어를 연상케하는 고즈넉한 보컬치고는 쉽게 매치되지 않는 실험적 사운드도 겸비했다. 이렇게 문자로 옮겨 분석적으로 바라보니 와이즈 블러드의 음악은 일종의 언밸런스 같고, 그러한 균열을 논리로 지탱되는 듯 생각되기도 한다.

<Titanic Rising>에서 그녀는 강렬한 커버 이미지를 선보였다. 방과 사물들, 그리고 방의 주인까지 통째로 물속에 빠트려 상징적 이미지들을 단번에 무의식의 층위로 옮겼다. 이렇듯 그녀의 행보는 놀랍고 야심차다. 앨범 수록곡 중 Movies라는 곡은, 할리우드 방정식에 의해 짜인 상업 영화들에 반감을 가졌던 기

* Mering says. "And then all the shit went down: this is my personal response to being in the thick of it." (https://www.nme.com/features/music-interviews/weyes-blood-inside-one-of-the-years-most-breathtaking-records-3348750)

억에서 출발했다. 초반부는 코스믹하고 미니멀한 멜로디와 호러 영화에 어울릴 법한 보컬 톤으로 비주류적 판타지를 그리며 전개되다가 후반부에 이르러 현악기로 세팅을 바꾸고는 이전 분위기에서 완전히 환골탈태하는 양상을 보인다. 이 구조는 실험성과 반체제성의 이빨을 드러내며 으르렁대는, 문화 산업 속에 섞여 살아가야만 하는 길들지 않는 야생 인류의 울부짖음처럼 느껴지는 측면이 있다. Andromeda는 한 시대를 풍미했던 대표적 드럼머신인 린드럼과 빈티지 사운드를 결합해 추상적인 언어로 우주와 사랑을 탐험하도록 했다. 직접 감독이 되어 연출한 Everyday 뮤직비디오는 인디 음악가들의 전매특허 같은 DIY 미학에 기반하고, 개연성 부족한 시나리오에 기술적으로 엉성하고 조잡한 장면 연출로 코믹함을 더했다.

이번 앨범의 커버는 <Titanic Rising>에 드러났던 전복적 상상력에 비하면 무척 다소곳하게 연출되어 있다. 단지 가슴에 라이트를 심어 넣고는—라이트를 몸밖으로 매달은 것이 아니라 신체 내부에서 빛을 밝히는 것으로 연출되어 약간은 그로테스크한—초현실적 이미지를 보여주는 것에 그쳤다. 리서치 과정을 통해 접한 그녀의 개념들에 대해선 알면 알수록 심오하다고 생각했다. 그러니까 언뜻 보면 느닷없어 보이는 엉뚱함을 심오한 철학과 논리가 일제히 뒷받침하고 있다는 사실에 새삼 놀라기도 했다.

이제 다시 이 앨범의 커버를 유심히 관찰해본다. 푸른빛으로 물든 긴 머리칼, 고풍스러운 실크 드레스 차림, 거기에 신체 내부로부터 밝혀진 빛이라는 SF적 상상력을 조합한 것은 와이즈 블러드만의 차별화된 음악과 개성을 드러내는 적절한 셀프 포트레이트다. 그녀는 요즘 음악보다 6–70년대 포크 음악을 더 선호하고 매번 그것을 재현하고자 해왔다. 하지만 21세기를 살아가는 뮤지션으로서 지나간 시절을 답습할 수는 없고, 자기만의 새로운 어법과 표현을 발굴해 현대성을 덧입혀야 한다. 그래서 '언밸런스' 하거나 다소 복잡한 컨텍스트를 구축하는 결과를 빚어내고 있다고 생각된다. 그녀의 목소리는 여성스럽고 부드럽고 어떤 면에선 성스럽기도(sacred) 하지만, 궁극적으로 그녀의 음악은 현실의 위기 상황들과 치열하게 맞부딪친 흔적으로 남았다.

나탈리 메링은 성경의 말씀들이 집안에 흐르며 규율로 작용하던 기독교 가정에서 자랐다. 첫 곡 It's not just me, it's everybody는 명상을 가능케 할 만큼 단조로운 분위기의 챔버 발라드지만, 그녀의 설명을 접하면 이 곡을 단순히 치유적 메시지를 가진 노래로 치부하며 넘어가기는 어렵다. 이 곡의 가사는 불교의 핵심적 교리를 바탕으로 구성되었다고 한다. 여기서 고통받는 것은 내가 아니라고 말하고, 우리 모두가 연결되어 있다는 입장을 취하기에, 이것은 '무아론' 같은 불교적 세계관을 접목했다고 말할 수 있다. 파티의 왁자함 뒤편 어느 조용한 구석 자리에서 화자는 그렇게 생각한다. 나탈리 메링이 독실한 기독교 집안 출신인 점을 떠올렸을 때 불교 교리로 자신의 작업을 풀어나간 것은 마치 금기를 깨는 일처럼 모험적인 행보로 이해되기도 한다. 그렇지만 이를 꼭 종교적 시각으로 바라볼 필요는 없다. 그녀의 고민은 상호 연결성이 점점 옅어져 가는 우리 사회의 모습에 초점을 맞추고 있고, '나'가 아닌 '우리'를 앞세워 맹점을 돌파하고 그것을 일깨우려는 창의적 시도에 머문다. 이 곡은, 말 그대로 '단순히 분위기가 좋아서 즐길 수 있는' 종류의 것이기도 하지만, 창작 배경을 알면 더 깊이 접근할 수 있는 통로를 보여준다. (뮤직비디오도 언뜻 보면 엉뚱한 장난을 치고 있는 것 같은데 스마트폰과 폐허 등의 상징들 때문에 나름의 심오함이 발생된다! 그렇더라도 그려진 모든 것을 반드시 해석할 필요는 없을 것이다. 덩어리째로 느끼는 것에 그것만의 즐거움이 있게 마련이다.)

God Turn Me into Flower도 깊이가 남다르고 여러모로 의미심장한 곡이었다. 이 곡은 나르시시즘에 빠져 결국 죽음을 맞게 되고 그가 죽은 자리에 노란 수선화가 피었다는 나르키소스 신화를 모티프로 쓰여졌다. 이런 신화적 컨셉이 그녀의 영성적 뉘앙스의 보컬에 너무 잘 어울리지 않았나 한다. 마지막에는 수선화 핀 연못 풍경을 그린 듯 잔잔한 사운드로 여운을 남기는데 가사도 충분히 인상적이다. '거울이 당신을 너무 멀리 데려갈 때 / '신이여, 저를 꽃으로 만들어 주세요' / 물빛의 반사가 보이죠 / 당신은 진실보다 그걸 더 원해요 / 당신은 결코 도달할 수 없는 꿈을 갈망하죠 / 왜냐하면 당신 반대편에 있는 것은 언제나 당신 자신이었으니까(When the mirror takes you too far / Oh, God, turn me into a flower / You see the reflection / And you want it more than the truth / You yearn to be that dream you could never get to / 'Cause the person on the other side has always just been you)'. 나르시시즘은 우리가 이미 잘 아는 개념이지만 지나친 자기애가 비극을 초래할 수 있다는 사실을 이 곡은 새삼 노래로써 들려주고 있다.

<And in the Darkness, Hearts Aglow>는 폐허가 된 세계를 유유히 거니는 별난 외톨이의 발자취다. 그리고 그녀의 설명은 '눈물'로 가득하다. "마치 부서진 글로우 스틱 같은 내 심장은, 진정성이 내부에서 파열한 듯 내 가슴을 밝힙니다. 그리고 가슴에 불이 나면 연기가 눈으로 들어 오죠."*

* My heart, like a glow stick that's been cracked, lights up my chest in a little explosion of earnestness. And when your heart's on fire, smoke gets in your eyes. (나탈리 메링의 편지 글 중에서)

이 앨범을 들을 땐 하늘을 올려다 보는 것이 좋다 생명, 우주, 존재의 기원 등 호기심의 성좌를

〈Biophilia〉 Björk

오래전에, 음악 블로그를 시작하던 초창기에 그 당시 나온 비요크의 앨범 <Vulnicura>를 듣고 탐구해 본 적이 있다. 이제 와 돌아보면 <Vulnicura>는 비요크가 자신의 개인적인 이야기—오랜 파트너 관계를 유지해온 현대 미술가 매튜 바니(Matthew Barney)와의 결별—를 작품을 관통하는 주요 내러티브로 풀어낸 거의 전무후무한 앨범이었다. 이번에 고른 <Biophilia>는 <Vulnicura>와 마찬가지로 2010년 이후에 발표된 근작에 속한다. 이 앨범 이후 비요크는 테크놀로지와 자연, 생명, 그리고 인체에 대한 기하학적 응용에 가까운 실험을 더욱 심화하게 되므로 <Biophilia>를 이해하는 일은 더욱 중요하다고 생각된다. 그리고 <Biophilia>에 대해 이야기하기에 앞서 그녀의 초기 음악 활동과 음악적 정체성 형성 시기에 관해 간략하게 짚어보는 편이 좋을 것 같다.

아이슬란드 레이캬비크에서 태어나 자란 비요크는 어린 시절부터 음악을 배웠고 거기에 두각을 보였다. 한 라디오 프로그램에 출연해 부른 커버 곡을 통해 실질적인 레코드 계약이 이루어져 11세에 솔로 앨범을 발표하며 예능계에 데뷔했다. 다양한 장르의 록 음악을 접하고 실험적이거나 진보적인 경향에 눈뜨게 만든 문화적으로 매우 선진적인 도시 분위기 속에서 그녀는 펑크 록, 고딕 록 그룹뿐만 아니라 재즈 보컬로 가담하기도 하며 장르를 넘나드는 전방위적 활동을 펼쳐나가게 되었다. 지금은 그녀의 명성 아래에 가려져 있지만 이 모호한 그림자 시기가 분명 지금의 그녀를 있게 한 자양분이 되었을 것이다.

하지만 아이슬란드는 지리적으로 유럽 대륙과 동떨어진 섬으로 위치하고, 그들 고유의 언어를 사용하면서 문화도 국지적인 것으로 머물 가능성이 다분하다. 예를 들면 비요크가 십 대 시절 몸담았던 타피 티카라스(Tappi Tíkarrass) 같은 그룹은 우리에게 여전히 생소한 이름이다. 그러니 비요크가 20대 초반 역동적 에너지로 더 큰 세계를 향한 모험을 감행하지 않았더라면 어쩌면 그녀는 음악사에 지금과 같은 독보적인 아이콘으로 자리잡지 않았을지 모른다. 그녀의 이름이 본격적으로 유럽 대륙과 미국에 알려지게 된 것은 밴드 슈가큐브스(The Sugarcubes) 활동을 통해서였다. 아방가르드 팝, 포스트 펑크 등의 장르로 분류되는 슈가큐브스의 음악은 몽환적 사운드와 반체제적 뉘앙스를 동시에 선보였다. 언뜻 콕트 트윈스(Cocteau Twins)가 연상되기도 하는데 그 당시 상황으로는 토킹 헤즈(Talking Heads)와 비견되기도 했다. 첫 앨범 <Life's Good>에 수록된 Birthday와 Coldsweat는 싱글 발표 당시 영국 인디 음악 차트 1위를 차지했을 만큼 유럽 청자들의 구미에 잘 맞았다. 하지만 슈가큐브스는 머지 않아 해체의 수순을 밟기에 이르렀고, 비요크는 런던으로 건너 가 솔로 커리어를 시작할 기회를 얻었다.

첫 솔로 앨범 <Debut>와 후속작 <Post>는 그래도 풋풋함이 배어 있는, 비요크의 초기 음악을 이해하기에 적합한 가이드를 제시한다. 그녀의 컨셉추얼한 행보는 세 번째 앨범 <Homogenic>부터 두드러지기 시작했다. 거듭되는 컨셉추얼한 작업을 통해 비요크의 음악은 점점 진화하는 형태를 띠어가고 있다. 그녀의 창의성은 단지 음악적 혁신을 야기하는 선에 머무르지 않는다. 트립합, 테크노, 힙합 등 여러 음악 장르의 협업 뮤지션들을 비롯해 영화감독이나 패션 디자이너들과도 협력적으로 작업해왔다. 특히 디자인 그룹 엠엠 파리(MM Paris)와 함께 앨범의 아트워크를 진행하며 '비요크라는 아이콘에 생명력을 부여할 일관된 색채를 그려내면서도 매번 새롭게 탄생되는 변주들로 탁월함을 보여왔다. 그리고 이 앨범 <Biophilia>에서는 아이디어를 시각화하고 형상화하는 데 있어 디지털 기술 자원을 동원해 풀어냄으로써 아티스트의 음악적 범위를 더욱 확장시켰다.

<Biophilia>는 자연(nature)과 음악(music), 그리고 과학 기술(technology)의 결합을 시도한 멀티미디어 프로젝트로 완성되었다. 이 프로세스는 앨범에 담긴 내용 즉, 가사나 곡의 사운드와 구조에서 잠정 지을 수 있는 종착지를 마련하는 것이 아니라, 추구하는 소리 표현에 도달하기 위해 악기를 새롭게 제작하기도

하고, 레코드 발매에 맞춰 애플리케이션을 출시하면서 청자에게 시각화된 아트워크를 음악과 함께 제공하는 새로운 포맷을 고안해 내는 구체적인 기술적 실행을 도모했다. 바이오필리아 '앱'은 비록 앨범에 따라오는 부산물이긴 해도 기존에 레코드 매체가 청자와 맺는 전통적 관계에 균열을 일으킬 수 있었고 궁극적으로는, 스트리밍 시장에 걸맞은 디지털 친화적인 제안으로 자리매김하지 않았나 한다.

첫 싱글이던 Crystaline은 가믈레스테(Gameleste)라고 이름 지어진 발명품 악기의 소리로 리드한다. 인도네시아의 전통적 악기 앙상블을 의미하는 가믈란(Gamelan)의 특성과 피아노를 닮은 건반악기 첼레스타(Celeste)를 결합해 주문 제작된 것이다.* 건반 멜로디의 반복적 배열로 리듬을 부여하는 역할도 동시에 수행하고 결과적으로는 아날로그적 본성으로 이퀄라이징 된 비트와 보컬 간의 관계를 유기적으로 통합하는 듯하다. 종결부에 이르러 마이크로 단위로 쪼개어지는 브레이크코어(Breakcore) 비트로 근원적이고도 미래적인 이 탐색의 도식화를 추구하며 미래지향적 '혁신'과 과거 유산의 '재현', 두 마리 토끼를 모두 놓치지 않는다.

Moon은 멜로디의 서로 다른 사이클을 중첩시켜 우리가 통상적으로 인식하는 시간의 흐름에 혼동을 주는 방식을 꾀했다. 화성 중심인 서양 음악의 전통적 구조에서 탈피해, 시간차로 빚어지는 소리와 소리들 사이의 공백이 야기하는 기원적인 음

* https://www.youtube.com/watch?v=q-7vRl7EEfo, https://www.youtube.com/watch?v=J0uXL1E5qn8

악성을 이끌어냈다고 할까. 이 곡의 특성은 뮤직비디오를 보면 더 잘 이해가 될 것이다. Thunderbolt에서는 단발적인 노이즈와 함께 플라스마를 일으키는 테슬라 코일(Tesla Coil)이 음향적으로 사용되기도 하며, 음악과 기술의 융합을 시청각적으로 재현하는 궁극의 사례를 보여주었다.

'우주생성론'을 의미하는 Cosmogony는 지금까지 살펴본 미래적이고 공상적인 재료들과는 구분되는 고전적 테마를 가져온다. 서로 다른 신화의 모티프로 우주 탄생의 배경을 고려하고, 마지막 연에서는 현대 과학이 무게를 싣고 있는 빅뱅 이론을 언급한다. 신화와 과학으로 우주의 기원을 이해하는데, 그 시작은 개인의 궁금증(Heaven's bodies whirl around me / Make me wonder)이다. 문득 heaven이 너무 많은 의미를 가진 듯 느껴진다. 낙원이기도 하고 하늘나라이며, 그래서 죽은 자들이 서식하는 공간일 수도 있는 미지의 장소. 여기에 그려진 Heaven's bodies는 나(화자)에게 우호적인 몸 없는 혼령들이자 창의성의 입김을 불어넣는 뮤즈들이다. 그래서 '나'는 뮤즈들에 둘러싸여 궁금해진다. 어쩐지 이런 노래나 시, 서사 작품에 그려진 인간의 호기심이나 지적 탐구 행위가 현실보다 훨씬 더 미적으로 다가오는 것 같다.

총체적으로 봤을 때, 비요크의 음악은 장르 색이 짙다고 말하기는 어려울 것이다. 장르가 없는 음악, 비요크라는 음악 장르, 시각 예술을 겸비한 사운드 아트? 아니면 최첨단의 테크놀로지와 함께 풀어내는 실험적 음악이라고 불러야 할까? 그녀의 독특한 목소리는 크로스오버적인 분위기를 내재했다고 보아도 좋을 것이다. 하지만 그녀는 갈수록 쉽거나 친숙한 음악을 들려주지 않는 느낌이다. 그녀의 음악과 아트 디렉션은 현대 미술을 방불케할 만큼 시각적으로 강렬한 자극으로 다가오며 협업 또한 개성이 남다른 최전선의 아티스트들과 이루어진다는 점을 우선적으로 파악해야 할 것이다. 따라서 음악적 계보로 접근하기보다 시각 예술 등의 방향에서 그녀의 음악에 접근하는 것은 어쩌면 비요크의 최근 작업들을 이해하는 더 빠르고 합리적인 방법이 될지 모른다. 특히 이 앨범은 음악만으로는 이해하기 어렵거나 어쩌면 그런 시도가 무용하다고 할 만하다. <Biophilia>는 개인의 상상을 예술의 언어로 옮기는 것은 물론, 창의성과 기술력이라는 새로운 터널을 지나 모두가 공유 가능한 매체 속에 성공적으로 응집시켰다.

어떤 종류의 음악? 우리의 음악

〈What Kinda Music〉 Tom Misch & Yussef Dayes

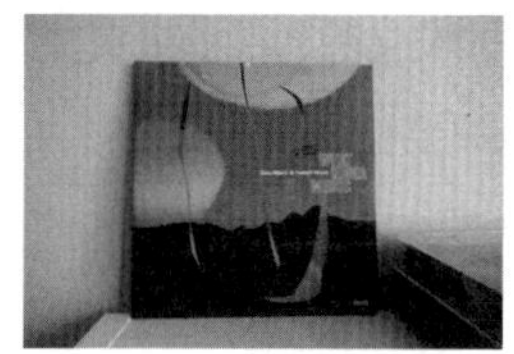

2020년 블루노트에서 나온 <What Kinda Music>은 제목에서부터 음악에 대한 실천적 고민이 묻어나는 것 같다. 솔로 앨범 <Geography>를 통해 톰 미쉬는 그루비한 인디 팝 감성의 재즈 음악을 성공적으로 선보였다. 출중한 기타 연주와 작곡 실력, 보컬과 프로듀싱까지 전반적인 제작 과정에 폭넓게 관여하는 그는 자신의 음악에서 내부적으로는 솔 음악에 대한 향수를 품으면서 외부적으로는 유럽 특유의 시크함을 걸친 것 같은 스타일로 어필한다고 할까. 그의 음악이 비교적 접근이 쉬운 캐치한 튠으로 이루어졌다면, 유세프 데이스는 실험성과 예술적 추구를 더욱 앞세우는 뮤지션이다. 재즈라는 핵심을 공유하지만 서로 다른 접근법과 음악성, 그리고 개성을 가진 두 사람의 공동 작업물 <What Kinda Music>은 재즈와 힙합, 그리고 진정성 있는 탐구로서의 일렉트로니카를 결합한 패기 있는 성취로 자리한다.

첫 트랙 What Kinda Music부터 실험적 성향과 마주하게 된다. 불안감을 조성하는 기타 루프와 닫힌 문을 두드리는 것 같은 둔탁한 소리가 비선형적으로 조우한다. 실내에서 누군가 기타를 연주하고 있고 밖에서 외부인이 문을 두드리는 것 같은 서사 구조가 순식간에 형성된다. 질문으로만 가득한 신호들, 낯선 외부자의 갑작스런 방문, 일종의, 익숙한 듯 미지인 세계로의 초대가 완성된다. Festival의 도입부에 드리워진 앰비언트적 분위기는 동트기 전 새벽의 어느 숲속 소리와 그 이미지를 떠올리게 한다. 드럼 머신 비트를 월등히 넘어서는 리얼 드럼이 주도하는 특유의 와일드함과 함께 이 여정은 도회지보다 한적한 숲길과 산길, 연못 등의 장소와 내밀히 결탁하는 모습을 보인다.

애니메이션으로 제작된 두 편의 뮤직비디오를, 곡을 이해하는 중요한 단서로 여겼다. Nightrider 뮤직비디오를 보면 석양으로 붉게 물든 황량한 사막을 세 사람—피처링 래퍼 프레디 깁스(Freddie Gibbs)는 뒷좌석에 앉아 있다—이 드라이브하는 장면이 나온다. 하늘은 빨강, 땅은 달빛에 물든 파랑으로 표현되어 초현실적 대비를 이끌어냈다. 나이트라이더는 밤중에 흑인을 습격하던 마스크 쓴 백인 무리를 일컫는 명칭으로, 프레디 깁스의 가사가 그런 습격 사건을 주제로 한 것으로 파악된다. 하지만 뮤직비디오에서는 특별한 사건이 일어나지 않고 인물들은 목적 없는 듯 그저 한가롭게 라이딩을 할 뿐이다. 미국인인 프레디 깁스에게 Nightrider가 무장한 괴한의 습격을 즉각적으로 연상케 한다면, 영국인인 톰 미쉬에게, 혹은 그보다 더 먼 우리에게는 온전히 밤을 유랑하는 라이더를 의미하는 것으로 다가올 수도 있다. 그러한 다의성과 상대성의 공존을 파악할 수 있다.

'해일'을 의미하는 Tidal Wave도 Nightrider와 유사한 톤을 선보인다. 잔잔하고 소박하게 묘사된, 이를테면 로파이 힙합

(lofi hiphop) 같은 사운드를 베이스로 했다. 마음속 혼돈을 함축한 Tidal Wave의 뮤직비디오에선 서로 알지 못하던 소녀와 소년이 우연히 한 장소에서 만나는 이야기를 그려냈다. 소녀가 서핑을 즐기는 대범한 성격의 소유자라면 소년은 침울한 얼굴로 바닷가를 산책하는 소극적인 인물이다. 소년이 발을 헛디뎌 낭떠러지에서 추락해 마치 누군가 무심코 던져버린 맥주캔처럼 바닷속으로 침잠해갈 때, 해일에 익숙한 소녀가 나타나 소년을 수면 위로 구출해낸다. 가사에 쓰인 혼돈은 해양 쓰레기로 인한 생태계 파괴의 심각성에 대한 알레고리이기도 하다. '이게 멈추지 않으리란 걸 모두가 내심으로 알고 있어(Everybody knows inside that this won't stop) / 너무 늦어버린 걸 알아, 하고 싶은 말이 너무도 많았지(I know it's too late, I had so much I wanna say)', 이는 연인과의 갈등 상황을 표현한 것으로 볼 수도 있지만 돌이킬 수 없는 환경 파괴에 관한 메시지로도 읽을 수 있다.

다음의 트랙들은 지금까지 살펴본 것들과는 뉘앙스가 사뭇 다르다. 간단히 말하면 여기부터는 대중성보다 실험성에 더 무게를 싣는다. 전반적으로 첫 번째 LP보다 두 번째 LP에서 더 재즈 친화적인 성향—이를테면 가사 없는 기악곡과 임프로비제이션, 잼 세션 같은 즉흥성—을 내보인다. 첫 번째 LP가 젊은 감각의 트렌디함을 명목상으로 덧입었다면 두 번째 LP는 재즈 본연의 영토를 순항하는 것이다.

Lift off에서는 베이시스트 로코 팔라디노(Rocco Palladino)가 참여해 기타–베이스–드럼 3중주의 인상적인 하모니를 들려주며, 종결부에 이르러 숨 막히는 임프로비제이션을 생생히 목격하게 만든다.* 우크라이나의 키이우에서 녹음된 곡 Kyiv를 Lift off의 연장선상에 놓이는 트랙으로 이해하면 좋을 것이다. 여기서도 로코 팔라디노의 베이스 연주를 들을 수 있는데, '베이스가 원래 이런 악기였나?' 하고 뜬금없이 그런 생각을 품게 될 만큼 베이스의 본질적 악기 색을 잘 연출하고 있었다. 원테이크로 촬영된 뮤직비디오를 통해 알 수 있지만 위의 곡들은 그야말로 재즈 연주자들의 고유한 내력인 즉흥적 잼을 고스란히 재현하고 있다. 톰 미쉬는 <Geography>를 작업할 때 시스템과 스케줄의 압박에 고통스러웠다고 하는데, 유세프 데이스와의 잼 세션을 통해 해방감을 얻을 수 있었다고 밝혔다.

비슷한 시기에 태어난 두 사람은 음악이라는 공통분모뿐 아니라 같은 지역인 남부 런던에서 자란 기억을 유연하게 공유할 수 있었다. 톰 미쉬는 어린 시절 학교에서 진행된 음악 경연 대회에서 유세프 데이스가 수준급 실력으로 드럼을 치는 모습을 본 적 있다고 회고했다. 이후 그들이 직접적으로 교류할 만한 사건은 일어나지 않았지만, 두 사람은 음악이라는 영역 안에서 서로를 여러 번 스쳤을 것이다. 톰 미쉬는 그들의 앨범을 블루노트 같은 명문 레이블에서 발매하게 된 행운에 대해, 정확히는 블루노트에서 제공한 시스템이나 비즈니스적 마인드에 심드렁한 태도를 보였다. 하지만 이 작업이 서로 다른 성향의 두 사람을 상호적으로 고무하고 개인의 음악적 역량을 확장시킨 계

* https://youtu.be/O7GaK516Wkk?si=AyB9GxATSIOpUbkY

기가 된 것에 대해서는 무한한 호응을 드러낸다.

계절이 물든 하이쿠 같은 앨범

〈Blood Bank〉 Bon Iver

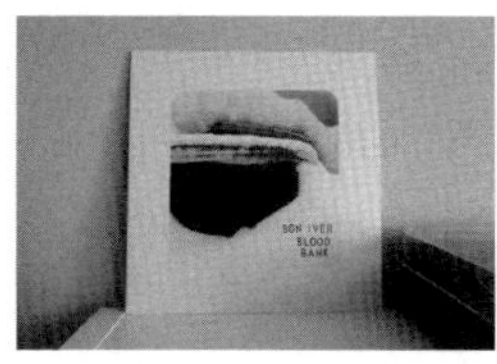

저스틴 버논(Justin Vernon)은 노스캐롤라이나의 롤리(Raleigh)를 떠나 고향 오클레어(Eau Claire)로 돌아왔다. 밤새 차를 몰아 고향으로 돌아온 그의 이야기는 마치 어느 영화의 한 장면처럼 그려진다. 그가 롤리를 기반으로 활동하며 그간 쌓아 올린 모든 것을 뒤로하고 귀향을 결심한 데에는 몇 가지 이유가 있었다. 연인과의 이별과 앓게 된 병, 그리고 그곳 음악 신에 대한 환멸감 때문이었다. 고향으로 돌아온 그는 어린 시절 아버지와 함께 휴일의 시간을 보내던 숲속 오두막집에 들어가 홀로 지내기 시작했다. 그 생활은 익숙하던 것들과의 결별은 물론, 세상으로부터 그리고 세속적인 일에 등을 돌리는 것이었다. 스스로 낚시와 사냥을 하며 자급자족으로 끼니를 해결했다. 며칠에 한 번꼴로 아버지가 방문해 필요한 물품들을 조달해 주었다. 그것이 거의 유일한 사람과의 접촉이었을 것이다.

그의 칩거에 '솔로 앨범을 구상하기 위한' 의도는 조금도 없었지만, 혹독한 추위 속에서 한 계절을 보내고 오두막집에서 나올 무렵 저스틴 버논은 본 이베어(Bon Iver)가 되어 있었다. 새로운 이름으로, 기존에 고수해오던 것들을 버리고 낯선 방식의 접근으로, 본 이베어의 데뷔 앨범이 될 <For Emma, Forever Ago>를 구성할 곡들을 가지고. 아이러니하게도 <For Emma, Forever Ago>는 세상에 등을 돌린 채 만들어진 앨범이지만, 거기에 쏟아진 찬사는 세계적인 규모로 번져갔다. 팝과 록 음악의 중심인 북미 지역과 영국 등지뿐만 아니라 아시아인 이곳까지 닿을 만큼 말이다. 고작 기타 몇 대와 마이크, 구형 맥 노트북만으로 꾸려진 소박하다 못해 궁핍한 구성이지만 더 더할 것이 없을 만한 완결성과 아름다움을 지닌 서정적이면서 차가운, 자신의 한계를 향해 매섭게 몰아붙이는 독창적인 인디-포크 음악이었다. 그리고 내게는, 겨울이 오면 가장 먼저 떠올리게 되는 앨범이 되었다.

EP 앨범 <Blood Bank>는 2009년에 같은 레이블 Jagjaguwar에서 발매되었고, 모두 네 곡이 실려 있다. 레이블의 소개에 따르면, <For Emma, Forever Ago>가 겨울의 추위를 상징한다면 <Blood Bank>는 추위를 견뎌 낼 수 있는 따스함을 지닌 음악이다. 하긴, 눈이라면 첫 곡 Blood Bank 에서 끝나고 그 다음부터는 해변과 여름, 그리고 울창한 숲이 그려지니까. 분명 이것은, 다음 단계로 건너가기 위한 작은 계단이었다.

다른 세 곡이 희망의 편린을 몽환적으로 띄워 올리는 방식을 취했다면, 첫 트랙 Blood Bank는 구체적인 서사를 가진 러브스토리를 전개시킨다. Blood Bank는 헌혈 받은 혈액을 보관해 위급 환자에게 곧바로 수혈할 수 있도록 하는 '혈액 은행'을 의미하고, 가사에서는 화자가 대상을 처음 만나는 장소로 그려져 있다. '피'가 상징하는 것은 여러 가지다. 피는 인체에서 중요한 역할을 하는 전달 물질이기도 하고, 혈통을 상징하기도 한다. '당신이 말했지, "저기 당신 것 있네요 / 당신 동생의 것 위에 놓인 거 / 서로 얼마나 닮은지 봐요 / 작은 플라스틱 커버에 들어 있지만 말이에요"(You said, "See look there, that's yours / Stacked on top with your brother's / See how they resemble one another / Even in their plastic little cover")' 라는 구절을 통해 인체 내부에 흐르는 액체 '피'의 유동성과 동생과 화자의 관계, 즉 혈통 혹은 동류성의 중의적 의미를 인물의 대사를 통해 일목요연하게 드러내고 있다. 두 사람은 눈을 피해 차 안에 갇혀 데이트를 하게 되는데, 화자는 그녀를 사랑한다고 생각하는 한편으론 혼자만의 기억에 빠져들게 된다. '계단에서 나는 저 소리는 뭐지? 크리스마스 아침의 삐걱거리는 소란 소리야?(What's that noise up the stairs babe? / Is that Christmas morning creaks?)' 그리고 그는 되풀이한다. '나는 잘 알고 있어(And I know it well)'. 그 말을 되뇔수록 그녀를 사랑한다고 믿는 일은 점점 망상 같아지고 마치 그 자각으로부터 도피하듯 향수 어린 크리스마스의 기억을 불러일으키게 된다. 이 서사는 허구적인 망상으로 완결되고 어린 시절의 기억은 이 꿈의 끝에 놓이는, 아무렇게나 던져진 한 점의 퍼즐 조각이 된다.

애정이 깃든 관계는 Beach Baby와 Babys까지 이어진다. 희망적이고 설레는 느낌을 표현하려 했을까? '여름은 여러 배가 된다(Summer comes to multiply)'를 반복하는 Babys의 도입부는 미니멀리즘적인 피아노 멜로디와 그 중첩으로 간결하면서도 앰비언트적인 느낌을 동시에 자아내며 가사에 그러듯 복수의 이미지를 하모니로서 그려나간다. <For Emma, Forever Ago>와 <Blood Bank>가 보컬 트랙의 중첩을 앰비언트적 뉘앙스에 잘 믹스해낸 참신한 개성을 내보인다면, 마지막 곡 Woods는 보컬의 중첩과 오토튠의 합성으로 테크닉적인 도약과 새로운 비전을 제시하는 혁신적인 트랙이다. 심플한 가사를 반복하며 미니멀리즘을 실천적으로 수행하고, 내용의 의미보다 문장의 덩어리로서, 패턴적으로 배열하고 변주함으로써 기존에 가진 문장의 의미를 축적해가는, 디제잉이나 샘플링에서 자주 볼 수 있는 위트를 특유의 서정성으로 풀어내며 심미적 성취를 높였다.

이 곡은 앞선 곡들에서 그려진 사랑과 희망이 안정적 궤도에 이른 순간에 관한 초현실적 스케치로도 볼 수 있지만, 지난 겨울과 봄에 걸쳐 뮤지션이 스스로 일궈낸 '정화'를 함축하고 있기도 하다. 롤리에서 병과 환멸을 안고 오클레어의 자연으로 돌아온 그가 마주한 것은 사람이 아닌 물고기, 새, 곰 같은 동물들과 쏟아지는 눈, 혹독한 추위, 그의 악기로 만들어지는 소리들과 스튜디오가 된 오두막이 온갖 소리에 반응하는 자기만의 울림이 전부였을 것이다. 이제 그는 신체적 질병과 정신적 질병들 모두로부터 어느 정도 치유되었다. 그의 의식은 숲만큼 깨끗하다. 그리고 숲처럼 숨을 쉰다. 비록 한 마디 말을 하더라도 그는 잘 숨을 쉬고 있다.

난 숲속에 서 있어
내 마음 깊이 내려가 봐
난 문턱을 만들고 있어
시간이 천천히 오게 하려고

본 이베어의 1집과 이 EP 앨범은 겨울과 분리할 수 없는 레코드들 가운데 하나다. 나는 2집보다 3집을 더 즐겨 들었는데, 그것은, 때론 신성하고 엄숙하며 슬프고 자기 파괴적 충동이 깃든 무언가였다. 혼돈 그 자체였으며 일종의 회귀였고, 아픔과 희망이 또 다른 방식으로 결합되며 공존하는 유별난 기발함이었다. 그 앨범에 실린 노래들과 그것들이 자아내는 진폭에 크게 동요되던 시절이 있었다. 하지만 지금 돌아보면 그 감정은 다소 위태로운 것이었다. 그래서 지금 누군가 내게 물어본다면 1집과 거기에 따라 오는 부록 같은 이 EP 앨범을 가장 좋아한다고 대답할 것이다. 소박한 감성과 자연적 이미지, 캐주얼함, 진귀하며 자유로운 창작, 말해진 고통. 그것들이 여전히 내 고향처럼 친근하다는 사실을 부정할 수는 없을 것 같다. <For Emma, Forever Ago>의 슬픔과 차가움을 제압할 만한 힘을 지닌 <Blood Bank>처럼 우리 각자의 삶에 놓인 슬픔과 차가움에 대면해서도 우리만의 동력으로 해 나갈 수 있으리라 믿는다.

프랑스 누나가 내게 말했다

〈Quelqu’un m’a dit〉 Carla Bruni

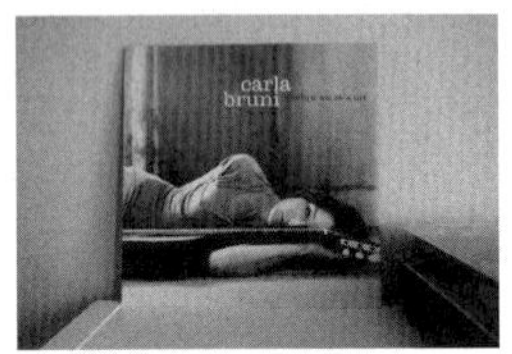

모델로 활동하던 카를라 브루니가 음악 활동에 전념하기 위해 일을 그만둔 때는 1997년으로 서른 무렵이었다. 10여 년의 모델 활동을 마무리 짓고 가수 데뷔를 준비하면서 싱어송라이터 줄리앙 클레르(Julien Clerc)에게 직접 쓴 가사를 보냈다. 음악가 집안에서 자란 영향 덕분에 그녀로서는 이런 곡 작업이 낯설지 않았을 것이고, 조금 늦은 감이 있다 하더라도 제2의 꿈을 실현하는 구체적 발판이 되었을 것이다. 몇 년이 흘러 카를라 부르니의 데뷔 앨범 <Quelqu’un m’a dit>이 세상에 모습을 드러냈다. 이 앨범은 그녀의 자작곡들과 세르주 갱스부르(Serge Gainsbourg)의 La noyée(침몰한 여인), 이탈리아 작곡가 지노 파올리(Gino Paoli)의 곡을 프랑스어로 개사한 Le Ciel dans une chambre(방 안의 천국) 두 개의 커버를 포함하고 있다.

<Quelqu’un m’a dit>은 유럽에서 크게 히트했고 레코드 판매고도 높았다. 마치 지니고 있던 회색빛 영혼을 잘 드러낸 듯 특별히 멋내지도 않고 수수하게 다듬어낸 포크 수작이었다. 첫 트랙 Quelqu’un m’a dit(누군가 내게 말했다)에는 작가주의 영화감독 레오 카락스(Leos Carax)가 가사에 참여하기도 했다. Tout

le Monde(모든 사람)를 포함해 두 편의 뮤직비디오를 모두 그가 촬영했다. 드니 라방(Denis Lavant)이 출연했던 그의 영화들, ≪소년, 소녀를 만나다≫, ≪나쁜 피≫, ≪퐁네프의 연인들≫, 그리고 최근의 작품 ≪홀리 모터스≫ 등을 떠올려 보라. 레오 카락스의 작품 이미지들은 별나게 강렬하다. 이 뮤직비디오들은 짧은 영상이지만 장소나 톤, 인물을 둘러싼 여러 디테일 면에서 충분히 그의 영화들을 연상하게 만든다. 물론 그의 영화 어법은 카를라 부르니 음악의 두드러진 색채와는 조금 거리가 있게 느껴지지만, 두 사람의 협업이 그 당시에 이런 결과물들을 만들었다는 사실이 새삼 눈길을 끈다. 아직 색채가 선명하지 않은 시기에 신인으로서 그녀는 어떤 색으로든 물들 수 있었겠지만, 결과적으로 그녀가 지금까지 더해온 색채들과 그 흔적들을 둘러보면서 그녀의 음악 이야기를 읽을 수 있었던 것 같다.

한편 앨범이 성공적이었던 만큼, 수록곡들이 영화나 광고 등에 쓰이며 원곡을 재확산하는 데 크게 동조했던 사실도 눈에 띈다. 스웨덴 의류 브랜드 H&M 광고와 영화 ≪500일의 썸머≫에 그녀의 곡이 삽입되면서 그녀의 노래는 음악팬들뿐만 아니라 젊은 층의 다양한 사람들에게 자연스럽게 노출되었다. 특히 ≪500일의 썸머≫는 미국 영화이기 때문에, 프랑스어로 된 노래임에도 불구하고 미국에서 어필할 좋은 기회를 얻을 수 있었다.

어쿠스틱 기타를 베이스로 하는 그녀의 음악을 듣다 보니 프랑스의 전통적 음악 혹은 샹송, 생의 서글픔이 깃든 유럽 어느 구석의 발라드, 보컬의 역량이 특색을 이루는 미국 재즈 보컬 음악들보다도 조니 미첼(Joni Mitchell)의 <Blue>나 쥐빌레 바이어(Sibylle Baier)의 앨범 <Colour Green> 등이 먼저 떠올랐다. 아무래도 이 앨범은 절망적이고 어두운 경향이 있으니까, 청춘의 사색과 비관주의 같은 것을 동반하고 있으니 말이다. 하지만 Tout le Monde 같은 노래에서, 우리 모두의 절망적 경험이 유사하다는 식으로 위안한다는 점에서 인간적 교감을 경험토록 하고 더불어 따스함을 전달한다. 그런, 특유의 온화함 때문인지 그녀의 노래는 우리나라 드라마 ≪밥 잘 사주는 예쁜 누나≫와 같은 제작진의 후속작 ≪봄밤≫의 사운드트랙에도 삽입되어 특별히 친숙하게 남게 되었다. 태미 와이넷(Tammy Wynette)의 원곡 Stand by Your Man과 ≪봄밤≫ 수록곡 Spring Waltz 둘 모두 위로의 정서를 앞세우는 편으로, 제법 통속성이 있는 드라마라는 장르에 잘 어울렸던 것 같다. 게다가 그녀의 사랑 노래는 노래 이상으로 의미심장하다. 드라마에서나 일어날 법한 로맨스가 그녀의 삶에 현실—프랑스 대통령이던 사르코지와의 결혼—로 일어났으니까.

그런 상황을 미루어 생각해 보면 그녀의 음악은 내러티브를 가진 여러 영상물에 쉽게 동화될 만큼 보편적인 힘을 지녔다고 말할 수 있다. 그러니까 주로 로맨스물인 영화에서 배경 음악의 기능으로서 손색이 없다. 쉽게 매치될 수 있을 것 같지만 미묘한 뉘앙스의 차이들로 인해 영화에 잘 어울리지 않는 노래들이 많을 것이다. 그녀의 음악은 어디에도 잘 섞일 수 있지만 섞인다고 해서 개성이 흡수되어 사라져버리지도 않는다. 보편적인 언어로, 보편적 이야기에 해당하는 내용들을, 복잡한 장치나 수식 없이, 기타와 목소리의 순수성 그대로의 힘으로 풀어낸 <Quelqu'un m'a dit>은 그래서 많은 사람들로부터 사랑받지 않았을까. 조금 어둡긴 해도 싫어할 이유가 별로 없는 음악. 여전히 나무로 된 다락 공간이나 기타의 낭만으로 회귀할 수 있도록 하는 컨셉 아닌 컨셉. 이런저런 계산보다 기본에 충실한 구도가 말하자면 이런 것이 아니었을까.

그렇다고 해도 '보편적'인 옷은 누구에게나 어울리는 것은 아니다. 보편성을 자기 식으로 소화하고 자기만의 개성으로 재생산해 많은 사람들이 부담 없이 접근하거나 취하도록 하는 것은 새롭고 기발한 무언가를 창조하는 일만큼이나 어려운 작업일 것이다. 글을 길게 썼지만, 어떤 노래들은 가사를 몰라도 듣기 좋고 모르는 채로 즐기며 나만의 '방 안의 천국'을 만끽하게 만든다. 그런 낭만을 여기에서 보았던 것 같다.

고뇌하는 바이올렛

〈High Violet〉 The National

여러 음악 감상 플랫폼에서는 이용자의 연말 결산 서비스를 제공한다. 내가 주로 이용하는 플랫폼은 유튜브와 애플 뮤직인데, 얼마 전 애플 뮤직에서 '리플레이'를 실행해 보았다. 리플레이를 통해서 한 해 동안 가장 즐겨 들은 아티스트와 즐겨 들은 앨범, 장르 등에 관한 통계를 볼 수 있었다. 2023년 내가 가장 즐겨 들은 아티스트는 더 내셔널이었다. 통계를 보고 나서는 과연 그런 것 같다고 고개를 끄덕였다. 고백하자면, 이 밴드의 음악을 즐겨 듣기 시작한 건 그리 오래되지 않았지만 더 내셔널은 록 음악에 대해서 내가 기대하는 바를 다양한 면에서 충족시키는 그런 그룹이라고 할 수 있다.

더 내셔널의 음악을 언제 가장 많이 들었는지 곰곰이 생각해 보니, 아무래도 혼자 산책을 하면서였던 것 같다. 운동에 음악을 더할 때 신진대사가 활발해지고 호흡과 심박수 등이 증가해 운동 효과가 증대된다는 연구 결과가 있다. 클래식 음악도 내적으로 많은 영향을 미칠 수 있겠지만 걸을 때는 아무래도 비트가 있는 것을 선호하게 된다. 그중에서도 더 내셔널의 음악을 들으면 평소보다 두세 배는 더 에너제틱한 기분이 된다. 이런 도

취감은 술이나 약물을 통해 얻는 즉각적인 도파민 작용과 유사하겠지만 음악을 통해 얻는 것은 조금도 해롭지 않다. 이것이 나의 엑스터시다. 이성과 감성이 동시에 최고조를 향해가도록 나는 나를 밀어붙이기를 갈망하고 있었음을 확인한다. 음악을 곁들인 걷기 활동을 통해서 건강한 신체를 통해 얻는 온전한 존재의 자유를 만끽할 수 있다.

더 내셔널의 음악은 멤버들이 만든 레이블을 통해 나온 셀프 타이틀 <The National>부터 시작되지만, 아무래도 인디펜던트계의 메이저 기업인 베가스(Beggars) 그룹과 계약을 맺고 4AD를 통해 앨범을 발표한 <Alligator>부터가 그룹이 본격적으로 세계를 향해 각인을 새기기 시작한 시점이라고 보는 것이 좋을 것 같다. 2005년 나온 <Alligator>와 후속작 <Boxer>, 그리고 <High Violet>은 비극적 상황과 비관적 인식과 태도로 빚어진 3부작의 트릴로지라 할 만하다. 세 앨범을 비교했을 때, <Alligator>가 다소 날것 같은 뉘앙스로 이끌어간다면, <Boxer>는 그룹이 보다 정련된 공간에 안착했음을 시사한다. <High Violet>은 개인의 내면에 집중하면서 광기와 슬픔이 공존하는 보라색에 물든 비틀린 센티멘털리즘을 쏟아낸다. 첫 트랙은 Terrible Love. 이 곡은 아마도 사랑으로 인해 망가진 이후의 시점을 다루며, 관계보다 화자 '자신'에게 초점을 맞춘다. 잡음으로 여백을 가득 채우는 사운드, 비트보다 다양한 멜로디의 나열을 우위에 두는 수공예 같은 개입을 통해 무언가, 비참한 상황에 대한 포용적 서정성을 효과적으로 이끌어낸다. 그의 슬픈 사연은 다음 트랙 Sorrow에서도 이어진다. '슬픔이 나를 찾았지 내가 어렸을 때 / 슬픔이 기다렸고 그건 나를 이겼지(Sorrow found me when I was young / Sorrow waited, sorrow won)'.

> 슬픔은 바다 위에 있는 떠 있는 내 몸 (Sorrow's my body on the waves)
> 슬픔은 내 케이크 속에 들어 있는 소녀 (Sorrow's a girl inside my cake)
> 나는 슬픔으로 지어진 도시에 살고 있어 (I live in a city sorrow built)
> 내 꿀 속에, 내 우유 속에 있어 (It's in my honey, it's in my milk)
> 내 극심한 심장을 물 위에 내버려 두고 떠나지 말아요(Don't leave my hyper heart alone on the water)
> 나를 걸레와 뼈의 동정심으로 덮어주세요 (Cover me in rag and bone sympathy)
> 난 당신을 극복하고 싶지 않으니까 ('Cause I don't wanna get over you)

여기에서 '꿀'은 대충 예상되는 것처럼 우리가 삶에서 마주할 수 있는 즐거움과 기쁨을 의미한다. '우유'는 매일 꾸준히 마시는 모습, 즉 반복적인 일상을 상징한다고 해석할 수 있다. 슬픔에 휩싸여, 그것을 극복하고자 하는 의지조차 갖지 못하는 절망적 상황에서 그의 눈에 보이는 모든 것이 슬픔이 된다. 이 곡은 바로 그런 상태의 이야기에 귀를 기울였다.

Bloodbuzz Ohio는 취한 자의 횡설수설이지만, 그의 알 수 없는 중얼거림 속엔 잔혹한 진실이 서려 있다. 자신의 혈통이나 고유적 이미지를 상징하는 '피'를 마시고 취해 고향 오하이오로 돌아온 사람의 에피소드. 하지만, 이 찬란한 비극은 여기에서 멈추지 않고 간결하게 더욱 심화된다. 그는 제 발로 고향으로 걸어온 것이 아니다. 그는 '벌떼를 통해 옮겨졌다'. 여기에서 우울과 절망에 허우적대는 사람의 참혹한 수동성을 읽게 된다. 고향에는 그를 기억하는 사람이 아무도 없다. 그가 더욱 비참해 보인다면 이 상황이 정체성의 상실 문제로 확장되기 때문일 것이다.

> 난 도망자가 되지 않을 거야 / 도망가지 않을 거니까.
> But I won't be no runaway / 'Cause I won't run (—Runaway)

> 너의 뇌를 먹어버릴까 봐 두려웠어 / 내가 악이라서.
> I was afraid, I'd eat your brains / 'Cause I'm evil (—Conversation 16)

가사의 한 토막들을 한국어로 옮겨 적고 보니 별다른 감흥이 이는 것 같지는 않다. 하지만 노래, 정확히는 음악의 논리가 뒷받침하는 코러스부의 반복 속에서, 분명 이 가사들은 놀라운 감정적 동요를 불러일으키고 증폭시킨다. Conversation 16과 England에서 불화를 촘촘히 나열해가며 마지막 곡 Vanderlyle Crybaby Geeks에 이르면 관계 회복의 실마리를 찾은 듯 보인다.

Vanderlyle Crybaby Geeks은 보컬의 피치가 높고 앞선 곡들의 절망적 상황에 비해 비교적 낙관을 가지고 있다는 점에서 차별화되는 곡이다. 'Vanderlyle'은 그룹이 오랫동안 고심해 만들어낸 신조어라고 한다. 특별한 의미보다도 음절의 합성을 통해 얻는 말소리의 어감을 고려해 고안해낸 단어다. 노래에서 가사가 감흥을 줄 때 그 노래에 빠져들기 쉬워지지만 노래에서는 가사가 만들어내는 풍경이 전부가 되는 것은 아니다. 가사(의미)보다도 소리 자체에 더 직관적인 감각을 통해 끌릴 때도 있다.

> 이봐, 다 용서됐어 (Man, it's all been forgiven)
> 백조는 헤엄치고 있어 (Swans are a-swimmin')
> 괴짜 녀석들한테 다 설명할 거야 (I'll explain everything to the geeks)
> 사랑을 위해 최선을 다해 (All the very best of us)
> 우리를 매어야 해 (String ourselves up for love)

주로 관계에 있어 불화에 직면한 순간들과 절망에 빠진 상황을 그린 그들의 노래가 내 삶과 닮은 것은 아닐 것이다. 그의 머릿속이 온갖 고뇌와 절망으로 끓어넘치는 순간 내 상황은 햇살이 내리쬐는 방바닥처럼 평화로운지 모른다. 하지만, 언제 어디에서든 그런 노래를 만날 때 나는 떠올릴 수 있다. 나를 스쳐갔던 수없이 많은 절망들과 끝내 극복하지 못할 문제들이 안겨다 준 시련에 대해서. 혹은, 그런 때 그런 노래들을 찾게 되겠지. 내적 동요를 곧잘 불러일으키는, 그래서 내가 순식간에 거기에 감정이입하는 음악. 내가 거기에 묶이게 될 때, 나는 그 어떤 누군가도 아닌, 음악을 좋아하며 그러 하고자 하는 사람인 내가 된다.

밤무대 가수, 범죄자의 정부, 도망자 들로리스와 낙천적인 성가들

〈Sister Act Soundtrack〉 Marc Shaiman and Various Artists

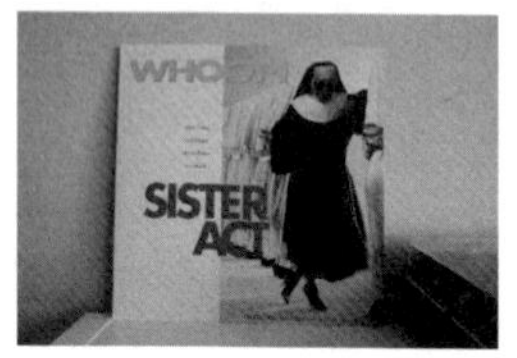

우피 골드버그가 출연한 ≪시스터 액트(Sister Act)≫는 1992년 개봉한 코미디 영화다. 2편이 제작되어 이듬해에 상영되었을 만큼 관객 반응과 흥행 성적이 좋았다. 2편에서는 독보적 개성을 지닌 밤무대 가수 들로리스가 수녀원 성가대의 역량을 수준급으로 끌어올리는 1편의 세팅을 그대로 가져오되, 무대를 성당에서 학교로 옮겼다. 폐교 위기에 처한 한 가톨릭 학교에서 학생들은 의욕을 잃고 들로리스에게 반항적인 태도를 보이지만 결국은 그녀의 지휘 아래에서 잠재되어 있던 기량을 뽐내며 콘테스트에서 멋진 무대를 보여준다. ≪시스터 액트≫ 시리즈는 음악으로 다양한 배경을 지닌 구성원들을 하나로 통합시키고 동시적 카타르시스에 도달토록 하며 재미와 감동을 전하는 90년대 클래식 음악 영화로 남았다.

이 영화가 특별히 인상적이었던 이유는 가톨릭과 범죄, 성가와 밤무대 레퍼토리 같은, 서로 대립되는 가치들을 병치한 그만의 지도 위에서 코미디 요소로 이야기를 풀어간 방식에서 찾을 수 있을 것이다. 코미디가 빠졌다면 내용은 충분히 무거워졌을 테니 말이다. 들로리스나 수녀들의 개인사, 혹은 인종에 관한 편견, 종교적 신의에 대한 상식적 인식 등에 맞춰질 수 있는 포커스를 약화시키며 코믹한 해프닝과 전체적인 그림에 집중하도록 다듬어간 중립적 시각에서도 매력 요소를 찾을 수 있다. 어디까지나 코믹한 전개에 힘입어 졸지에 '도망자'가 된 들로리스라는 개성적 캐릭터의 음악 재능을 뜻밖의 공간에서 활성화시키는 것. 이미 '막장'에 이른 그녀가 위선을 떨거나 젠체할 리 없는 상황과 세속 중에서도 예능계 출신인 그녀가 수녀원에 들어와 긍정적 변화를 가져다준다는 설정은 영화의 품격에 날개를 달아주었다. 더하거나 덜할 것이 없는 담백함과 함께 영화 감상은 그야말로 하나의 여가 활동이 된다. 특별히 복잡한 장치 없이 직선적으로 나아가 이상적인 결말에 도달하는 영화. 거기에 5–60년대 흥미진진한 솔 음악들과 '들로리스와 시스터즈'에 의해 다이내믹하게 탈바꿈한 성가들을 곁들였으니 이는 더할 나위 없는 엔터테인먼트가 된다. 성가나 신에 대한 경의심을 격하시켰다는 평이 그 당시에 있었는지 모르겠지만 그보다는 활력을 불어 넣은 성가를 통해 비종교인도 즐길 수 있도록 한 음악의 힘을 재확인하게 하는 역할에 크게 기여했다고 본다.

트랙리스트를 살펴보니 댄스 팝 장르의 혼성 그룹 씨앤씨 뮤직 팩토리(C+C Music Factory)를 제외하고는 모두 여성 뮤지션들이라는 특징이 있었다. 씨앤씨 뮤직 팩토리는 90년대 초반 미국에서 선풍적 인기를 끌던 그룹으로 우리나라 그룹 서태지와 아이들 1집에 주요 곡이 샘플링되어 사용되기도 했다. 그들의 대표 곡을 들어 보면 아마 90년대를 지난 분들은 듣자마자 고개를 끄덕일 수 있을 것이다.

폰텔라 바스(Fontella Bass), 에타 제임스(Etta James)에 비해 다소 생소하게 다가온 디디 샤프(Dee Dee Sharp)의 트랙이 눈길을 끌었다. Gravy (for My Mashed Potatoes)라는 곡은 춤과 로맨스를 음식에 접목한 60년대 히트 알앤비 트랙이다. 그런데 매쉬드 포테이토는 '으깬 감자'라는 음식을 의미하기도 하지만 60년대 초반 즈음 아프리칸 아메리칸 커뮤니티에서 유래한 특정 춤의 스텝을 일컫는 용어이기도 하다. 미국 알앤비 솔 음악의 대부라 할 수 있는 제임스 브라운(James Brown)을 통해 더욱 대중적으로 번져가게 된 매쉬드 포테이토 댄스. 디디 샤프도 이 '매쉬드 포테이토' 무브먼트에 효과적으로 동조했던 것이다. 그녀의 앨범은 직접적으로 이 신을 겨냥해 <It's Mashed Potato Time>이라는 제목으로 1962년 발매되었다. 영화에서는 술집으로 불현듯 일탈을 감행한 수녀들 가운데 낙천성이 남다른 패트릭 수녀가 애청하는 곡으로 그려졌다.

클라렌스 수녀(들로리스)가 지휘하는 '들로리스와 성 패트릭 수녀들'의 합창 곡은 모두 세 곡, Hail Holy Queen, My God, 그리고 I Will Follow Him이다. 그중 Hail Holy Queen은 실제 성가지만 다른 곡들은 대중가요에서 가져왔다. 이 레코드를 듣다가 Hail Holy Queen을 찾아 들어 보니 그것이 얼마나 정적인지 새삼 놀라게 된다. 물론 그 단조로운 평안이 내면의 피안에 이르도록 하는 길을 제시하긴 하지만. 동적이고 혁신적이며 파격적인 에너지를 쏟아부은 성 캐더린 수녀원 성가대의 합창은 성당 밖에서 길을 걷던 사람들을 불러 모은다.

메리 웰스(Mary Wells)의 My Guy는 My God으로 대체되면서 연인과의 사랑이 아니라 성스러운 사랑으로 탈바꿈했다. I Will Follow Him도 페기 마치(Peggy March)의 원곡을 영화에 맞도록 수정한 것인데 신에 대한 믿음으로 바꾸어도 무리가 없다. 그밖에 사운드트랙에 삽입된 스코어들은 마크 샤이먼(Marc Shaiman)의 작업이고 성가대 노래들도 그의 손을 거쳐갔다.

틀림없이 ≪시스터 액트≫ 이후에도 수많은 음악 영화가 제작되었고, 그것들은 많은 관객들에게 사랑받았지만, 음악과 종교, 그리고 코미디를 한 데 엮은 ≪시스터 액트≫ 시리즈의 선량함이나 진중함은 유난히 깊은 각인을 새긴 것 같다. 음악을 향한, 그리고 신을 향한, 혹은 우리를 꿈꾸게 하는 그 무언가를 향한 선량한 마음은 우리 모두에게서 서로 비슷하고 결코 사라지지 않으리라.

웃음의 발성 찾기

〈I Know I'm Funny haha〉 Faye Webster

어떤 음악을 좋아하는지는 어디까지나 당신의 취향에 달려 있다. 그 음악을 이루고 있는 요소들을 한 조각씩 분리해 생각해 보자. 목소리는 어떠한가? 멜로디는 어떻게 흘러가는가? 템포는 느린 편인가 빠른 편인가? 커버 재킷이 주는 첫인상은 어떤가? 처음 보는 뮤지션인가? 타이틀과 제목의 뉘앙스는 어떻게 다가오는가? 앨범의 컨셉이나 뮤지션의 인상착의는 어떤 종류에 속한다고 생각되는가? 처음 노래를 들었을 때 직관적으로 어떤 감정이 스쳐갔는가?

신인이거나, 아니면 음반을 여러 장 냈지만 제대로 들어본 적 없거나, 미처 알지 못했던 뮤지션의 몇 번째 앨범과 나는 처음으로 만나게 된다. 페이 웹스터의 <I Know I'm Funny haha>는 그런 앨범이었다. 나는 그녀에 대해 아는 내용이 전혀 없이 커버 이미지와 함께 노래부터 듣게 되었다. 음악이 들려오자마자 머릿속에선 분류와 판단이 눈부시게 이루어졌을 것이다. 목소리? 제법 좋음. 템포? 적당함. 멜로디? 듣기 좋음. 전반적인 음악의 분위기? 이상적. 앨범 재킷? 마음에 듦. 코트니 바넷, 줄리아 재클린, 올더스 하딩이 연상되는? 객관에서 주관으로 단어들이 뻗어나가고 결국 그 끝에 '페이 웹스터'라는 새 항목이 만들어졌을 것이다.

페이 웹스터의 <I Know I'm Funny haha>는 어느 한 시기 내가 즐겨 들었던 앨범이다. 특히 어떤 때였느냐면, 책을 만들면서였다. 나는 생전 처음으로 내가 쓴 글로 이루어진 책을 손수 만드는 경험을 했는데, 특히 글을 쓰는 자아에서 나 자신을 분리하고 시각적인 작업을 할 때 이 앨범을 BGM처럼 플레이하는 경우가 많았다. 그러고는 이 앨범이 전반적으로 가지고 있는 차분하고 싱그러우면서도 개성적인 분위기가 나의 작업에 영향을 미치거나 스며들기를 바랐다. 바이닐 구매는 최근에 했으므로 그 당시에는 주로 스트리밍으로 음악을 들었지만 지금 바이닐로 다시 이 앨범을 들으니 나는 다시 그 시절을 마주한 듯 기분이 묘해진다. 어쩌면 과거 한 조각의 경험은 비록 그 당시에 내가 빨리 통과해버리고 싶은 것이었다고 해도 지나고 나면 사무치게 그리워질 때도 있고, 뒤늦게 그때의 나를 다시 바라보며 웃게 되기도 한다. '내가 우스웠다는 건 나도 알아, 하하'. 따지고 보면 세상사의 많은 경우에는 '웃으며 넘어가는 것' 외에 다른 도리가 별로 없는 때가 많다. 그건 몇 번의 소통 경험을 통해 체득한 그럴듯한 요령이기도 하고 자기방어적 심리를 내포하기도 한다.

페이 웹스터는 이 앨범과 전작 <Atlanta Millionaires Club>을 구분하면서, 수록곡들이 한층 낙관적이며 안정된 상태에서 쓰였고 바로 그런 정서가 반영되었음을 밝힌 바 있다.* '당신은 나를 좋은 방식으로 울고 싶게 만들어(You make me wanna cry in a good way)'라 고백하는 In a Good Way는 이 앨범의 시작점이었다. 이 곡은 올드 팝과 컨트리 등을 베이스로 한 음악에 알앤비를 가미한 발라드로 위와 같은 가사를 전달하기에 좋았다.

오프닝 곡 Better Distractions는 연인이 서로 떨어져 있는 시간 동안 방해 요소가 많을수록 다시 함께 하게 되었을 때 더 큰 소중함을 느낀다는 내용을 담고 있다. 그래서 More Distractions(더 많은 방해)이 아니라 Better Distractions(더 나은 방해)이다. 화자는 그가 너무 좋아서 모든 것을 함께 하고 싶은 감정을 느끼지만 더 큰 행복을 위해 자신의 욕심을 내려놓게 된다. 보통 의존적 성향의 사람이 그런 경우가 많을 테지만, 시간이 흐르고 경험이 쌓이면 더욱 성숙한 시각과 판단을 갖게 되어 틀림없이 '따로 또다시 함께'의 행복감을 맛보게 될 것이다. 이 곡은 오바마 대통령이 재임기에 발표한 즐겨 듣는 음악 리스트(2020)에 포함되기도 했다.**

타이틀이 된 I Know I'm Funny haha에서 그녀는 하찮고 사소한 것들에 주목했다고 말한다. 집주인으로부터 보증금을 돌려받지 못했던 경험, 파트너의 가족들이 술에 취해 그녀를 알아보지 못한 해프닝들을 이야기 속에 집어넣었다. 엄밀히 말하면 그녀의 창의적 시선은 웃긴 이야기 바로 그것에 향하는 것이

* https://secretlycanadian.com/record/i-know-im-funny-haha/

** https://www.billboard.com/music/music-news/barack-obama-favorite-songs-2020-9503113/

아니라 웃긴 이야기 바깥을 향하고 있다. 그 시선은 누군가 그녀에게 웃기다고 말하고 즉시 그녀 스스로 시인하는 지점에 멎어 있다. 그것은 이 앨범이 우리가 예술에 대해 잘 기대하지 않는 '웃음'을 소재로 삼은 배경이 되었다. 온통 부조리한 상황을 통과하면서 그녀는 씁쓸하게 시인한다. '맞아, 난 웃긴 사람이야'. 페이 웹스터의 'haha'는 전혀 웃음이 나지 않는 상황에 처한 '나' 자신을 두고 울지 않고 웃고자 했을 때 일어나는 의식적인 웃음이다. 아니면, 웃어 보려는 노력이나 시도, 너무 오래 웃지 않아서 잊어버린 웃음의 발성 찾기에 가까워 보인다.

Both All the Time에서 그녀는 'lonely와 lonesome에는 차이가 있다'고 느끼지만 자신은 그 둘 모두라고 말한다. 그래서 자신의 감정이 얼마나 격해지는지 묘사하기보다는, 차분하게 자신의 행동과 감정을 읽는다. 그녀는 집 밖에 나갈 이유를 찾을 수 없고 결말을 알기 때문에 같은 책을 반복해 읽으며 두려움에 불을 켠 채 잠드는 상황 이미지를 연속적으로 드러내 하나의 단편적 이야기를 직조해간다. 그러한 이미지들이 모여 청자의 마음속에 어떤 정념이 맺히게 된다. 이 곡은 말하자면 그림자 영역에 속할 것이다. 유난히 자기 존재의 불완전성을 드러냈다고 생각되므로.

Overslept에서는 일본 뮤지션 메이 에하라(mei ehara)가 피처링으로 참여했다. 이 앨범은 코로나 바이러스 팬데믹 봉쇄기로부터 큰 타격을 입은 것은 아니지만 중간에 녹음 작업이 중단되는 차질을 빚기는 했다. 그래서 마지막 트랙으로 수록된

Half of Me는 뮤지션이 홈레코딩으로 직접 녹음해 만들어낸 것이라 한다. 마지막에 수록된 두 곡은 그런 이유에서 앨범의 전반적인 분위기와 몇 퍼센트 다른 풍경을 그리는 것 같다.

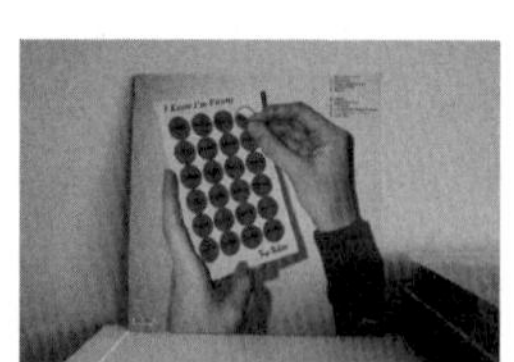

'서프라이즈'는 쌍둥이처럼

〈Laugh Track〉 The National

더 내셔널의 <Laugh Track>은 팬들을 깜짝 놀라게 한 '서프라이즈' 앨범이었다. 새 정규 앨범이 이렇게 빨리 나올 거라고 예상한 사람은 아마도 없었을 것이다. '서프라이즈' 앨범 발표로 인해 그룹은 자신들이 굳혀 온 패턴을 스스로 깨트리게 되었고, 그 시기의 남다른 생산력을 드러내게 되었다. 우선적으로 '서프라이즈' 형태의 마케팅에 시선이 쏠리지만, 한 앨범을 마무리 짓고 에너지를 소진한 상태에서 곧바로 새 앨범 작업에 돌입해 그것을 가시화하는 일은 상당한 정신력이 요구되는 일이다. 비치 하우스의 <Thank Your Lucky Stars>와 테일러 스위프트의 <Evermore>가 이런 식으로 공개되었다. 이제 '서프라이즈'는 활동을 오래 해온 뮤지션이라면 한번쯤 거쳐가도 좋을 만한 하나의 패턴이 된 것은 아닐까? 창작자는 창작의 고통에 시름하지만 팬들은 즐겁다.

우리는 <First Two Pages of Frankenstein>이 보컬 맷 버닝어의 창의력을 감퇴시키는 우울증과 팬데믹으로 인한 고립감, 무력감을 딛고 탄생된 '재회'의 언어를 담고 있다는 사실을 안다. 앨범을 발표한 것이 갑작스러웠던 일일뿐 <Laugh Track>

의 수록곡들은 <First Two Pages of Frankenstein> 때 대부분 쓰였다. 밴드는 선행한 앨범에 들어갈 만한 것을 추려내기 위해 이것들을 분류했고, 분류라기보다는 맷을 중심으로 내러티브를 가지는 <First Two Pages of Frankenstein>을 그에 따라 완성시켰고, 마침내 본 이베어가 피처링한 Weird Goodbyes가 수록될 장소를 연쇄적인 차기작 속에 마련하게 되었다. <Laugh Track>은 그룹이 보다 비우고 (혹은 비우는 것을 허락하고), 보다 느슨해지고 (혹은 느슨해지는 것을 허락하고), 쉽게 말하면 마음의 부담 같은 것을 '내려놓은 (내려놓는 것을 허락한)' 앨범이 되었지만 24년 가까이 함께 음악을 해온 그들에게서 여전히 스파크가 되는 '열정'을 확인할 수 있고 앨범을 통해 그것이 유효함을 증명할 수 있었다.*

'Laugh Track'은 시트콤이나 TV쇼 등에서 방청객들의 리액션을 끌어내기 위해 녹음된 웃음소리를 집어넣는데, 그때 쓰이는 짤막한 웃음 트랙을 말한다. 그 웃음은 실제보다 과장될 때가 많아서 조금만 민감해도 그것이 '지금 일어난' 방청객의 소리가 아님을 즉각 알아차릴 수 있을 만큼 '조작성'이 도드라진다. 감정이 타인에게 잘 전염되듯이 이 조작된 웃음은 우리에게 웃음 바이러스를 전염시키도록 고안되었지만, 이 웃음 트랙의 현상 자체를 조명할 때 미디어의 현대적 도구화에 관한 씁쓸

---

* There's something about The National. The spark in the band hasn't faded. There's been times where we've run on fumes, but whatever that alchemy is that causes us to make music that we love is still there. (https://www.esquire.com/entertainment/a45126264/aaron-dessner-the-national-laugh-track-interview/)

함이 어디쯤에 맺힌다. '부조리극'에 상응할 만한 효과를 거두는 Laugh Track, 나와 무관하게 깔깔거리는 그것과 내 웃음 사이에는 균열이 있고 불일치함을 느끼게 되면서 결국 현대성과 기술 발전이 빚어낸 허망함이 남는다.

Deep End (Paul's in pieces)는 송라이팅의 여러 측면에서 전형적인 더 내셔널다움을 강조한 곡이라 생각된다. 의식 속에 웅덩이처럼 자리한 절망으로 소용돌이치는 순간을 읽게 만드는 노래. 가사는 추상적이고 포괄적으로 쓰여서 아무래도 화자와 글쓴이 사이의 거리가 부각된다. 이런 점에서 그룹의 음악이 한층 성숙했음을 느끼게 될 것이다. 아론 데스너가 설명하듯이, '이 앨범은 전작에 비해 역동성이 더욱 두드러진다'. 그것은 드럼 머신보다 라이브 드럼에 더 무게를 실으며 얻은 결과였다. 그래서 이 곡은 '맷의 휴머니티를 돋보이도록 하는 것은 브라이언의 직선적이고 기계적 정밀성과 파워를 가진 드럼 연주'임을 정면으로 입증하는 트랙이 되었다.* 이어지는 곡은 본 이베어(Bon Iver)가 피처링한 Weird Goodbyes. 이 곡은 드럼 머신을 사용했고 서정성을 강조하기에 더없이 좋은 분위기다. 노래는 이렇게 시작된다. 'Memorize the bathwater, memorize the air / There'll come a time I'll wanna know I was here (욕조의 물을 암기하고, 공기를 암기하라 / 언젠가 내가 여기에 있었다는 사실을 알고 싶어지는 때가 올 테니)', 그리고 유난히 현전성이 도

* "It's linear, almost mechanical and incredibly powerful drumming that bounces off Matt's humanity. I think it's the strange magic of The National. (https://www.independent.co.uk/arts-entertainment/music/features/the-national-album-laugh-track-matt-berninger-b2416601.html)

드라지는 단어들로 빽빽이 차 있다. names, handprints, concrete, fever, eyelashes, traffic patterns… 그리고 산업화된 세계와 결부 지어지는 단어들, humidity, history, chemistry, panic, electric minivans… 화자는 치매라도 걸린 사람인가? 너무 느리게 움직여서 수상쩍어 보이는 자동차처럼 슬픔과 돌이킬 수 없는 세상 끝의 인사들이 도래한다. 가사에 '나는 레몬 밭의 갓길에 서 있어(I'm on a shoulder of lemon fields)'라는 부분이 있고, 레몬의 의미를 해독하고자 했을 때 여러 가지 갈래로 나뉘는 것을 느꼈다. <High Violet>의 수록곡 Lemonworld도 떠올랐고, 불량품이라는 뜻도 있지만, 정답은 없다는 생각에서 톡 쏘는 신맛과 향을 가진 레몬이 망가져가는 화자에게는 더 이상 의미 있게 여겨질 수 없는 싱그러움의 상징은 아닐까 하는 생각을 해보았다.

Dreaming은 몽상에 대한 적절한 카운슬링이다. 이 곡은 몽상가인 당신을 주인공으로 삼는다. 여기서 화자가 의사라고 가정해 보자. 당신은 몽상의 병을 앓는 환자고 진료를 위해 그를 찾았다. 그는 '당신은 언제나 당신이 없는 곳에 있군요 / 하늘 위로 자신을 매장한 셈이죠 / 삶을 위해 설계된 / 진정한 사랑을 손끝에서 느껴보세요(You're always where you leave yourself / Six feet in the sky / True love at your fingertips / Engineered for life)'라는 팁을 준다. 이야기가 도달하는 곳은 '꿈은 그만 꿔도 돼요, 내가 당신을 위해 꾸어 줄게요.'라는 말을 듣는 지점이다. 아마도 '꿈을 앓는 만큼' 돌아보게 될 노래로, 이 곡은 '우리 자신을 이상화하는 방식을 반영하고 몽상의 세계를 살 때 빠지게 되는 함정에 대한 경각심을 일깨'우기에.* 우리에게 자기기만이나 자기 합리화에 순조롭게 이르지 못하도록 태클을 걸 수 있다.

타이틀 Laugh Track에서 전작에 이어 피처링에 참여한 피비 브리저스(Phoebe Bridgers)의 노래를 들을 수 있다. 그녀는 마치 남자 가수가 된 듯, 아니면 맷의 저음(바리톤)을 모방이라도 한 듯, 중성적이고 낮은 음정으로 읊조린다. 이런 상상이 가능해진다. 주인공은 우울의 한가운데를 서성이는 배우이고 우리는 그의 내면을 읽는 관중이다. '발은 미끄러질 것 같고 손은 떨리고 곧 눈에서 눈물이 흐를 것 같은, 결코 밝아지지 못하리란 절망'에 휩싸여 있고 주인공이 우스꽝스러워질 때마다 '웃음 트랙'이 흘러나오도록 되어 있다. 그리고 그의 공간 안에 또 다른 웃음 트랙이 있다. 그 웃음 트랙은 그에게 일말의 희망이다. 그것은 절박함으로 그를 '움직이게' 하고 슬픔에 반하여 '행동하게' 하는 유일한 목적이다. 그의 발끝과 손가락 끝에 어쩌면 장면을 바꿀 수 있을지 모를 기대가 서려 있다.

후회와 회한은 Space Invader처럼 찾아온다. 당신의 귓가에서 자꾸만 참견하고 귀찮게 들러붙는 사람. 그건 타인일 수도 있고 환영일 수도 있다. '내가 만일 그때 그러지 않았다면…' 되돌릴 수 있는 건 생각과 가정뿐. 그의 불길한 상념은 '하수구에 빠져 있는 어떤 책'을 그리며 절정에 이른다. '너무 로맨틱하고,

* Overall, "Dreaming" by The National explores the complexities of self-perception, the desire for fulfillment, and the tension between dreams and reality. It invites reflection on the ways we construct and idealize ourselves, as well as the potential pitfalls of living in a world of dreams.(https://www.songtell.com/the-national/dreaming)

너무 슬프고 너무 광기 어린' 이야기. 극심한 우울증을 겪는 내면 풍경에 다름 아니다. 자기 내부에서 일어나는 광분의 감정들을 통제하지 못하면 하나의 인격체로서 무력감을 느끼게 된다. 그러니까 우울증은 절망과 희망과 무력감의 비선형적이고 야만적인 번복이다. 이 곡은 <Trouble Will Find Me>의 Demons를 떠올리게 만든다.

마지막 트랙 Smoke Detector는 Deep End보다 더 더 내셔널 다움을 보여준다. 오랜 팬들에게는 한층 더 젊은 시절의 그들을 만나는 완벽한 타임머신이 되었다. 불길한 음조의 기타 사운드와 함께 보컬은 스포큰 워드 투의 읊조림을 이어가며 포스트 펑크와 슈게이징 그룹의 앵콜 무대를 보는 것 같은 현장감을 물씬 풍긴다. 다시금 느슨해진 주의를 집중하도록 촉구하는, 그들이 여전히 젊고 길들여지지 않았음이 시사되는 흥미로운 엔딩이다.

저는 테일러입니다 그리고 1989년에 태어났어요

〈1989 (Taylor's Version)〉 Taylor Swift

테일러 스위프트가 정규 앨범을 내는 사이마다 재녹음 앨범에 대한 소식을 접할 수 있었다. 그러니까 <Fearless>와 <Red>의 'Taylor's version'은 정규 9집 <Evermore>와 <Midnights> 사이에 나왔고, <Speak Now>와 이 앨범 <1989>의 'Taylor's version'은 <Midnights>를 발표한 이듬해인 2023년 다시 팬들을 찾아왔다. 그렇다면 정규 앨범을 완성해 나가기에도 빠듯할 시간에 왜 이 슈퍼스타는 수고롭게도 기존 앨범을 재녹음했을까?

이제는 파급력이 어마어마해진 이 젊은 여가수가 자신의 과거 앨범을 재녹음하게 된 배경에는 자신의 곡들에 대한 마스터권을 가져오기 위한 목적이 있다. 특히 과거 소속사였던 빅머신의 소유주가 변경되면서 그녀로서는 적과도 같은 이에게 마스터권이 넘어가게 되었고, 거기에 발끈한 뮤지션은 과거 앨범에 대한 재녹음 작업을 공표—그렇게 함으로써 새 마스터권을 생성하고 현 소속사와의 계약 내용에 따라 자신이 그것을 소유하게 되면서 과거의 마스터권을 무효화시키는—하고 그것을 현실화하기 시작했다. 다시 말하면 재녹음 작업은 자신의 곡에 대한 마스터권을 다른 이에게 넘어가지 않도록 하기 위한 뮤지션의 혁신적 투쟁인 셈이다. 그리고 그녀의 투쟁은 이 앨범 <1989 (Taylor's Version)>—재녹음 작업에서 네 번째에 해당하는—으로 완전한 승리가 된 것으로 보인다. 혼동을 줄이기 위해서라도 원본과 최대한 비슷하게 연출했던 <Fearless>와 <Speak Now>, <Red>의 Taylor's version 앨범 커버들과는 달리, <1989 (Taylor's Version)>에 이르러서는 의도적인 비약을 허용했다. 프레임 안에는 조금 초점이 흐리긴 해도 뮤지션의 활짝 웃는 얼굴이 담겨 있고, 원본 앨범 커버에서 그녀의 티셔츠 속에 갇혀 있던 갈매기들은 이제 창공을 날아다닌다. 여기에서 드러나는 건 뮤지션의 자신감과 위트다. 출발점에서 그녀를 헐뜯고 비아냥대던 주자들은 이제 레이스에서 보이지도 않는다. 그녀는 스타이기 전에 한 인간으로서 외부의 적들로부터 자신을 지키는 법을 터득한 것 같아 보인다. 팝 멜로디와 그녀답게 솔직한 가사들, 레트로와 현대적 감성을 접목했던 팝 앨범 <1989>. 이 앨범을 듣고 즐길 수 있다면 우리는 세대나 신분, 처지를 벗어나 음악의 카테고리를 통해 세상을 재정의할 수 있으리라.

<1989>는 80년대 신스 팝 스타일을 테일러 스위프트만의 색깔로 재현하는 것에 중점을 둔 앨범이었고, 컨트리에서 팝으로 장르 면에서 전면적 변화를 추구했으며, 그러한 변화를 성공으로 이끈 상징적 앨범이었다. 음악적으로 레트로한 컨셉에 기대어 오리지널 앨범에서는 폴라로이드 카메라를 활용한 앨범 커버를 선보였다. 프레임에서 잘려나간 얼굴은 이제 <1989 (Taylor's Version)>에서 원 없이 볼 수 있다. 테일러 스위프트의

팬인 '스위프티'인지 아닌지의 여부를 벗어나 청자들은 더 이상 그녀의 과거 앨범들을 돌아볼 필요가 없어졌다. 마스터권 분쟁에 전혀 관심이 없다고 해도 음악팬이라면, 기왕이면 테일러의 버전을 선호하게 될 확률이 높다. <1989 (Taylor's Version)>은 지금까지 테일러 스위프트의 재녹음 음반들이 그래온 것처럼 'from the vault'라 통칭되는 아웃테이크들을 수록해 열 곡 정도 수록곡을 더 늘렸다. 이제 그녀의 재녹음 투쟁은 일종의 예술적 재현과 실천 행위로 거듭났다. 배경은 자기 자신의 지적 유산에 대한 소유권 다툼이지만, 그녀는 늘 그렇듯 날렵한 프로정신과 시대의 흐름을 잘 읽어내는 획기적 기획으로 뮤지션으로서 성공적인 자기 갱신을 또 한 번 이룩했다. 과거에 내가 <Folklore>에 관해 글을 쓸 때 그녀가 기네스북에 몇 번 올랐다고 적었는데, 이제는 그 얘기 말고 다른 것을 해야겠다. 2023년 그녀는 오직 음악 관련 수익만으로 억만장자 반열에 오른 최초의 여가수가 되었다. 10집까지의 앨범을 발표한 현시점에 대규모 세계 투어가 된 The Eras 투어를 통해 올린 공연 수익금도 어마어마하고, 주변 도시나 관련 상품 구매로 인한 경제적 반등 효과까지 나타나 '스위프트노믹스'라는 신조어가 만들어졌을 정도라고 하니, 그녀는 진정 음악계의 거인 여가수다. 단순히 키가 180cm여서 하는 말이 아니라 여러 가지 행보들을 읽었을 때 틀림없이 공감하게 될 수식어라 생각된다.

'이건 새 사운드트랙이야, 난 이 비트에 맞춰 영원토록 춤출 수 있어(It's a new soundtrack, I could dance to this beat, beat forevermore)', Welcome to New York은 뉴욕 대도시의 사운드가 순식간에 당신을 주인공으로 만들어버리는 마법의 노래다. 파리에 도착해 샹송을 듣는다면 뉴욕에 도착하면 반드시 들어야 할 노래. 망상보다는 건전한 도취가 일으키는 인간적인 설렘으로 효과적인 기분전환에 도달할 것이다.

Blank Space는 자신에게 쏟아진 언론의 비난들에 대해 적나라하게 되받아치는 가사들이 주를 이루는 일종의 반격이고, Style과 Out of the Woods는 그녀가 작사에 주 재료로 삼아 오고 있는—다큐 ≪미스 아메리카나≫를 보면 그녀는 이것을 다른 가수들과 그녀가 차별화되는 그만의 '특성'으로 여긴다—자신의 이야기 및 지난 연인들과의 추억을 다룬다. 오후의 졸음에서 번쩍 깨어날 것만 같은 댄스 튠 Shake It off는 자신을 둘러싼 루머들에 맞서기보단 스스로를 해방시키는 쪽을 택한다. 색소폰과 혼이 사용되어 음악적으로도 이 노래는 조금 다르게 느껴지기도 했는데, 듣는 순간 즉각적으로 흥겨워지는 하이퍼 아드레날린과도 같았다.

켄드릭 라마가 피처링한 Bad Blood에서는 투박한 힙합 비트와 결합한 새로운 시도를 보여주었고, 라나 델 레이가 연상되는 맥박 같은 비트와 낮은 보컬 톤, 몽환적 분위기를 부각시킨 Wildest Dreams는 앞부분에 수록된 젊은 감성과는 또 다른 매력으로 어필한다.

'From the vault' 트랙들을 통해서는 확실히, <Folklore>

부터 <Midnights> 까지의 앨범들을 지난 이후의 작업임을 의식하고 듣게 되었던 것 같다. 얼터너티브 록과 포크를 접목해 그녀만의 판타지를 구축했던 <Folklore>에서 두드러졌던 낮은 보컬 트랙들이 연상되었다. 그러니까, 성숙도 면에서 과거 <1989>를 만들던 시기와는 차이점을 느낄 수 있었던 것이 아닐까. 특히 Now That We Don't Talk가 유난히 귓가를 맴돌았는데 외부의 시선이 아니라 연인과 나의 관계 내부로 초점이 옮겨져 있다는 점에서 더욱 그랬다. 물론 가사와 작곡은 그 시절에 이루어진 것이지만, 이번 재녹음 작업에서 뮤지션의 더욱 성숙해진 시각을 통해 음악적으로 더욱 다듬어졌으리란 추측이 든다.

나는 분명히, 내 취향에 대해 말할 수 있다. 테일러 스위프트든 어떤 가수의 앨범에 대해서든 말이다. 그런데 취향과는 다르게 내 마음이 동요한다고 느끼는 것들도 더러 있는 것 같다. 취향의 스트라이크존이 있다면 그런 것들은 약간 테두리에 걸쳐져 있다고 할까. 테일러 스위프트의 <1989 (Taylor's Version)>은 분명 내 취향이라고 할 수는 없지만, 이 앨범을 듣는 동안 계속해서 그녀의 행보가 내게 영감을 주고 내 행동을 고무한다고 느꼈다. 어쩌면 나도, 소녀 같았던 시절에 이런 꿈을 꾸지 않았을까. 내게 이 앨범은 틀림없이 테일러 스위프트라는 뮤지션을 다시 보게 만드는 계기로 작용했다. 때때로 <Folklore> 이전 작업에 접근할 때마다 장벽이 있다고 느꼈는데, <1989 (Taylor's Version)>는 접근이 어려워 보이던 그것들을 들여다볼 수 있도록 하는 구름다리가 되어 주었다.

라나 델 레이의 '젊은 날의 초상'

〈Born to Die〉 Lana Del Rey

일상에서 벗어나기 위한 방법으로는 어떤 것들이 있을까? 꿈꾸기, 몽상하기, 일탈하기, 다른 패턴에 따라 움직여 보기, 문득 충동에 따르기. 음악 듣기, 책 읽기, 영화 감상 등도 일상에서 벗어나는 데 도움을 준다. 관건은 얼마나 오래, 그리고 깊이 빠질 수 있는가 하는 것. 유감인 점은 몽상에 깊이 빠질수록 그만큼 현실에 무뎌져 현실적 상황에서 바보 취급을 받는 일이 일어날 수 있다는 것. 확실히 숨돌릴 틈 없이 바쁘게 돌아가는 현대 사회는 몽상가에게 후한 대접을 해주지 않는다. 그렇지만 틀림없이 몽상가는 남다른 행복을 만끽할 것이다. 가만히 앉아 아무런 방해가 없는 몽상의 세계를 자유로이 누빌 수 있으니까. 라나 델 레이의 음악을 듣는 것? 그건 확실한 일탈이 된다. 그녀는 한두 번의 앨범 컨셉에 그칠 수 있는 과거 특정 시대 분위기인 5–60년대 할리우드 빈티지를 '라나 델 레이'의 주요 무대로 설정해 트립합 사운드와 감성적인 가사를 녹여 내 많은 호응을 끌어냈다. 이처럼 두드러진 특색이 있고 매혹적이며 반항적 기질이 묻어나는 그녀의 음악을 접할 때는 누구든 '지금 현재'의 감각에 대해 무뎌질 가능성이 매우 높다.

라나 델 레이는 직접 자신의 음악을 '할리우드 새드코어'라 정의한 적이 있다. '새드코어'는 '슬로우 코어(slow core)'와 비슷한 의미를 가지는데, 이는 인디 록과 얼터너티브 장르에서 생겨난 느린 템포와 미니멀한 구성, 감성적인 가사 등으로 이루어진 곡들을 말한다. 'sad'가 말해주듯 새드 코어는 슬로우 코어보다 한 단계 더 우울한 경향을 내포한다. 그렇다면 라나 델 레이의 '할리우드 새드코어' 음악은 어떤 것일까? 느낌부터 늘어놓자면 그녀의 음악은 삐딱하고, 비주류적이고, 몽상적이고, 글래머러스하고, 기본적으로 우울하고 비관적이다. 비유하자면 그녀의 음악을 듣는 일은 앨리스가 토끼굴속으로, 잘 가늠 되지 않는 불가사의한 세계 속으로 미끄러져 내려가는 일과 같고, 그녀의 노래는 떨어지는 것에 가속도를 붙이는 주술과도 같다. 첫 트랙 Born to Die를 들어 보자. 그녀는 그녀가 동승한 비관주의 논리로 당신을 부추기는 마녀 역할을 맡는다. '마지막 말을 골라봐 / 왜냐하면 우린 죽기 위해 태어났으니까(Choose your last words, this is the last time / 'Cause you and I, we were born to die)', 그녀는 빈정대는 투로 당신을 자극한다. '이리 와 위험을 감수해 봐 / 퍼붓는 빗속에서 네게 키스하도록 해줘 / 넌 네 연인이 제정신이 아닌 걸 좋아하잖아(Come and take a walk on the wild side / Let me kiss you hard in the pouring rain / You like your girls insane, so)', 일종의 러브 신인 이 장면의 밑바닥에 깔려 있는 것은 금기와 타락, 일그러진 욕망 따위다.

주제를 관념적으로 다룬 Born to Die는 음악적으로도 웅장한 스케일을 취해 '할리우드 새드코어' 타이틀에 걸맞은 드라마틱한 연출을 했지만, Diet Mountain Dew와 National Anthem 같은 곡은 비트와 베이스라인을 중심으로 스트릿 분위기를 풍기는 힙합 스타일을 선보이며 눈에 띄는 변화를 추구했다. '소다'가 가진 정크푸드 이미지처럼 주제 자체도 가볍고 소모적인 Diet Mountain Dew. '넌 나에게 해로워(You're no good for me)'를 반복하면서 헤어나지 못하는 '나쁜 남자'와의 일회적 데이트를 다루며, 달고 자극적인 것을 본능적으로 쫓는 어리석음을 그려낸다.

National Anthem은 라나 델 레이의 필터가 드리워진 B급 세계 양식으로 60년대 미국 사회의 한 단면을 풍자한다. 중심이 되는 것은 존 F. 케네디 대통령의 암살 사건(1963). 라나 델 레이는 마릴린 먼로와 재클린 케네디 1인 2역을 소화하고 래퍼 에이셉 라키(A$AP Rocky)가 케네디 대통령 역을 맡아 이 뮤직비디오는 진정성보다 블랙코미디적 연출에 기대고 있다. 이 비극적 사건과 삼각관계는 할리우드 빈티지를 메인 컨셉으로 취한 라나 델 레이에겐 지나칠 수 없는 소재가 아니었을까?

Radio에서 그녀는 노래한다. LA로 온 그녀의 삶은 이제 계피처럼 달콤하다고, '내가 살아가는 이 망할 꿈처럼'. 그녀는 이제 그런 자신을 사랑해달라고 한다. 주지의 사실이지만 계피는 마냥 달지만은 않고 쓰고 매운맛을 동반한다. 그리고 노래 속에서 계피는 'sugar venom(설탕 든 독액)'으로 진화한다. 이러한 어휘들은 궁극적으로 화자가 love-sweet의 단순한 등식을 수용하지 못하는, 건강한 애정 관계를 가지지 못하고 결핍이나 과잉으로 로맨스를 갈구하는 방식을 우회적으로 드러낸다.

일상에서 잘 상기하지 않는 '죽음'을 전면에 내세운 과감한 타이틀. 커버 이미지는 로우 앵글로 주제와 음악에 대한 자신감을 강하게 드러냈다. 음악 앨범의 커버로서는 부자연스러운 편인데도 이쪽을 고수한 것은 영화적 컨셉을 드러내기 위한 의도가 아니었을까. 앞다투어 미래를 향해 나아가는 것이 당연시되는 사회 분위기 속에서, 그런 것이 자본주의의 결정적 허상이라도 되는 듯 다수의 경향을 비웃기라도 하는 것처럼, 의도적인 뒷걸음질로 시대를 초월하는 것은 결국 체제에 저항하고자 하는 심중을 드러내는 일에 가깝다.

병든 사랑의 이미지를 담아낸 <Born to Die>. 이 앨범은 쓴맛이 나는 열매를 먹고 지내며 그것이 삶의 전부라 여기는 청춘 시절에 대해 떠올리게 만든다. 의도적인 고립 속에서 자신의 허무감에 빛을 부여하는 일에 전력을 쏟는 어떤 나날에 대해서. <Born to Die>를 라나 델 레이의 '젊은 날의 초상'이라 해두자.

눈들의 벽 눈들의 산 눈들의 까다로운 말

〈Wall of Eyes〉 The Smile

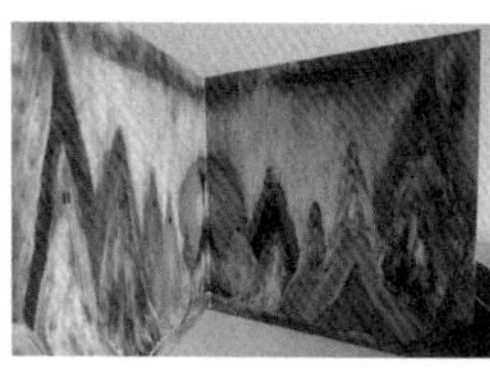

1집 <A Light for Attracting Attention>이 나왔을 때만 해도 더 스마일은 톰 요크나 조니 그린우드의 사이드 프로젝트 정도로만 여겨졌다. 톰 스키너(Tom Skinner)라는 드러머를 재즈 신으로부터 영입했지만 더 스마일은 톰 요크가 자신의 솔로 작업에 임하고 조니 그린우드가 영화 음악에 임하는 것과 크게 다르지 않은 또 다른 프로젝트 같은 인상이 강했다. 그런데 이번 2집을 본 뒤 그런 생각이 조금씩 희미해지기 시작했다. 1집에 비해 2집은 더욱 정돈되고 그룹의 정체성을 보다 굳건히 하는 느낌을 준다. 톰 요크의 팔세토 보컬과 현악 오케스트라와 사운드 조각들이 부드럽게 어울리면서 전반적으로 멜로우한 인상을 남긴다. 어둡고 비관적인 분위기는 여전하지만 음악을 듣는 일은 한결 편안해진 것이 분명하다. 더 스마일의 1집과 2집에서 레코드의 프로듀서가 바뀌었는데 아마 그런 영향도 있을 것이다. 이 앨범은 라디오헤드의 오랜 벗 나이젤 고드리치(Nigel Godrich)가 아니라 <A Moon Shaped Pool>에서 엔지니어로 참여했던 샘 페츠 데이비스(Sam-Petts Davies)가 주축이 되어 프로듀싱과 믹싱을 맡았다. 샘 페츠 데이비스는 과거 라디오헤드의 앨범들과 톰 요크가 루카 구아다니노(Luca Guadagnino) 감독의 영화 음악 ≪서스페리아(Suspiria)≫를 진행할 때 프로듀싱을 맡았고, 조니 그린우드가 참여한 영화 음악 ≪주눈(Junun)≫에서 엔지니어로 함께 해온 이력이 있다.

더 스마일의 1집 수록곡은 13곡인데 반해 2집은 8곡으로 곡 수가 적어 과감한 비워내기가 적용된 것이 아닐까 유추하게 된다. 노래 가사만 봐도 그런 느낌이 많이 든다. 흔한 라임을 살리는 일도 없이 시크하고 시니컬하게 상황에 대한 단편적 서술을 이어갈 뿐 감정에 기대는 측면도 잘 보이지 않는다. 어쿠스틱 기타와 싱커페이션이 가미되어 독특한 리듬감을 만들어내는 첫 번째 트랙 Wall of Eyes에서는 의도적으로 맥락을 끊어놓은 것처럼 파편적인 이야기를 쌓아가며 수수께끼 같은 악몽의 실타래를 표현하는 것에 주력한 느낌이다.

Wall of Eyes 뮤직비디오는 폴 토마스 앤더슨(Paul Thomas Anderson) 감독이 연출했다. 뮤직비디오 속 장면들에는 노래를 이해할 수 있는 단서들이 주어지고 있는 것 같다. 주인공은 텔레비전을 통해 안구의 운동을 시청하는데 거기에서 '당신은 눈들의 벽을 넘어가게 될 거야 / 당신이 소유한 장치에서(you'll go behind a wall of eyes / of your own device)'가 실현된다. 그는 도시를 배회하고 술집에 들어가고, 여러 명의 자신들이 일렬로 앉은 바에서 자기 증식에 마지막 순번으로 동참한다. 웃거나 우는 여러 감정과 멍한 얼굴, 때론 언성을 높이고 때론 평화롭지만 때론 복잡한 수많은 서로 다른 나의 모습들과 나란히 않는다. '기차는 거기에 가지 않아(The trains don't go there)'라는 메시지처럼 매번 잘못 도착한 듯 어떤 것도 순조롭게 연결되지 않는 흑백의 장면들을 이어붙였다.

어린이들이 모인 강당에서 라이브 공연을 펼치는 뮤직비디오 Friend of a Friend는 그야말로 허를 찌르는 상상력을 채택하고 있다. 엉뚱하게도 각양각색의 표정과 태도로 밴드의 라이브를 관람하는 아이들의 모습을 보여준다—Wall of Eyes의 눈들이 수십 명의 톰 요크 자신의 것을 의미한다면 여기에서는 여러 명의 아이들의 눈으로 눈을 가진 주체를 이동시킨 것으로 이해해 볼 수 있다. 이 곡은 베이스와 피아노의 음색이 자연스러워 특히 인상적이었는데, Balconies—발코니는 코로나 록다운 시기 이탈리아에서 각자의 발코니에 나와 희망의 노래를 부르던 장면에 영감을 얻은 부분이라 한다—와 Friend라는 단어가 주는 느낌과 함께 전반적으로 포지티브한 분위기로 흘러가는 곡으로 생각되었다. (아이들 앞에서 라이브 공연을 해도 좋다고 판단될 만큼? 마침내 더 스마일이라는 밴드명에 걸맞은 스마일리한 트랙을 만든 걸까?) 하지만 이 곡이 아이들이나 우리에게 남기는 교훈이 있다면, 그것은 결코 달콤하지 않으며 뼈아프게 현실적이고 아이러니하게 유머러스하다. 화자는 '그 모든 돈이 어디로 갔는가?(All of that money, where did it go?)' 하는 질문에 이르고, '누군가의 주머니 속으로? / 내 친구의 친구(In somebody's pocket? / A friend of a friend)'라는 결론에 도달한다. 돈을 벌면 그것은 금세 다른 곳으로 이동한다. 그만큼 순식간에 번 돈이 사라진다는 의미다. 내가 지불한 돈은 돌고 돌아 내 친구의 친구인 누군가에게로 흘러가게 될지도 모른다. 알고 보면 모르는 사람도 '친구의 친구'일 수 있는 사람들 사이의 상호 연결성이 암시되고 있는 것 같기도 하다.

Bending Hectic은 포스트 록 같은 분위기로 8분이 넘는 에픽의 서막을 연다. 느슨하게 진행되지만 6분 정도가 흐르면 내부의 와일드함을 드러내는 크레셴도에 이른다. 긴 루프 트랙을 듣는 듯 느슨하고 나직한 톤을 가졌지만 가사는 과거에 톰 요크가 자동차 사고를 당했던 경험을 묘사하며 혼돈과 아픔을 그려낸다.

앨범의 커버 아트웍? 그건 더 말할 것 없이 훌륭하다. 왜냐하면 이것 하나만으로도 턴테이블 위에 멋진 작품 한 점을 올려놓은 듯한 심미적 효과를 자아내기 때문이다. 미술 작품을 보고 감상할 때처럼 우리는 잘 풀리지 않는 Wall of Eyes를 계속해서 곱씹어 보아야 할 것이다. 벽은 우리가 넘어야 할 산을 의미하겠지만 왜 눈의 벽인지에 대해서는 더 생각해 보는 편이 좋을 것이다. 눈의 위치부터 눈의 기능, 눈의 속성까지. 눈의 상징적 의미가 무엇인지에 대해서도. 평소에 우리는 신체의 특정 부위 하나하나에 대해 그다지 의식하지 않고 살아가는데 그걸 의식하게 된다면 그때는 특정 부위가 아플 때일 가능성이 높다. 그런 것처럼 화자에게 눈은 고통의 상징이었을 수도 있다. 더 스마일의 Wall of Eyes는 라디오헤드의 명성에 뒤지지 않는 음악적 품격을 새롭고 획기적인 방법으로 연결해나가는 과정을 보여주고 있다.

비틀즈는 영원하다 1—브리티시 인베이전과 러브송들

〈The Beatles / 1962-1966〉 The Beatles

지금은 '보관'되어 있는 비공개 포스팅이지만, 사실 인스타그램 sj_musicnote 계정에서 처음으로 포스팅한 앨범은 비틀즈의 컴필레이션 <1>의 시디였다. 팝아트 느낌으로 디자인된 빨간 표지의 비틀즈 베스트앨범. <1>을 처음으로 블로그에 올렸을 때, 그때 우리 아이는 채 돌이 되지도 않았는데, 태교용 클래식을 시디로 들으려고 마트에서 구매한 카세트 플레이어가 구석에 놓여 있었고, 아이와 시간을 보내다 문득 나는 비틀즈의 시디를 꺼내 틀었다. 아이와 함께 비틀즈의 흥겨운 노래를 들었고, 그저 심심풀이 정도의 기분으로 비틀즈의 앨범에 대한 가벼운 기록을 남겼다. 그것이 바로 이 볼품없는 아이디어의 시작이었다.

미국과 영국 음악 차트에서 1위를 차지했던 싱글 모음인 <1>은 비틀즈의 히트곡을 두루 조망할 수 있는 컴팩트하고 포괄적인 입장권이었고, 2000년은 비틀즈의 해체 30주년을 맞이하는 해였다. 그리고 2023년, 어느덧 비틀즈의 해체는 50주기를 넘어섰다. 비틀즈의 신작을 아무도 기대할 수 없었지만—적어도 폴 매카트니가 '레논-매카트니'표 비틀즈 신곡이 나올 것임을 선언한 2006년과 2007년 이전에는—놀랍게도, 또 감동적이게도 비틀즈의 마지막 신곡 Now and Then이 마침내 대중에게 공개되었다. Now and Then은 존 레논이 사망한 뒤 미망인이 된 오노 요코가 폴 매카트니에게 건넨 카세트테이프에 수록됐던 데모곡 가운데 하나였다. 존 레논을 제외한 나머지 멤버들이 모여 Now and Then의 녹음 작업을 시도했지만(1995) 원본이 가진 퀄리티의 한계를 극복하기에는 기술적인 문제들이 따랐기 때문에 결국 완성에 이르지 못하고 계획은 보류되었다. 이 곡의 조악한 녹음 퀄리티와 전반적인 곡 분위기에 대해 불만족스러워했던 조지 해리슨도 2001년 남아 있던 비틀즈 멤버들과 작별을 고했다.

그리고 2021년에 이르러 다큐멘터리 ≪겟 백(The Beatles: Get Back)≫의 촬영팀인 피터 잭슨(Peter Jackson) 감독의 윙넛 필름(WingNut Films)에서 음향을 면밀히 분리하는 작업을 완수하게 되었다. 윙넛 팀은 카세트테이프에 녹음된 보컬과 피아노 소리를 각각 따로 떼어내 존 레논의 보컬을 하나의 완전한 소스로 생성시킬 수 있었다. 이 작업으로 인해 1995년 녹음 때 차질을 빚었던 문제가 해결되면서 녹음이 한결 수월해졌다. 폴 매카트니는 베이스 기타와 조지 해리슨 스타일의 기타 연주, 그리고 데모에서 들려왔던 존 레논의 피아노를 모방해 작고한 멤버들을 대신해 연주했다. 링고 스타가 녹음해 온 드럼 트랙을 더했고, 과거에 녹음을 시도했던 1995년 세션에서 발굴한 조지 해리슨의 기타 트랙 일부도 추가시켰다. 이미 세상을 떠난 멤버들이 고스란히 활약하는, 오랜 세월 묵혀 두었던 비틀즈의 마지막 곡 Now and Then이 그렇게 완성되었다.

<Now and Then> 싱글은 7인치와 12인치 두 가지 옵션에서 선택할 수 있고, 더블 A-Side로 한 면당 한 곡씩 수록하고 있다. 비틀즈의 공식적인 마지막 곡 Now and Then과 공식적인 첫 싱글 Love Me Do가 각각 앞면과 뒷면에 나란히 실려 '북엔드' 형태를 취한 개념적 디렉션을 엿볼 수 있다. Love Me Do는 링고 스타가 드러머의 자리를 세션 연주자 앤디 화이트(Andy White)에게 내주고 자신은 탬버린을 치는 버전 대신, 이번에는 특히 오리지널 멤버들의 불가능한 재회를 강조한 만큼 탬버린 소리를 들을 수 없는, 링고 스타의 드럼 버전으로 수록되어 있다. 비틀즈의 데뷔 앨범 <Please Please Me>에도 링고 스타가 탬버린을 담당하는 버전이 담겨 있고, 내가 즐겨 들었던 <1>도 동일한 버전이라 내겐 이 '탬버린' 버전이 Love Me Do의 원형으로 오래 자리하고 있어서, 이번 컴필레이션에 실린 버전을 처음 들었을 때 내가 알던 것과 엄청나게 다른 곡을 듣는 것처럼 느껴지기도 했다.

비틀즈의 마지막 싱글 <Now and Then>이 독립적인 레코드의 모습으로 나타나고, 비틀즈 컴필레이션의 2023년식 리믹스 에디션을 동반했다. 일명 '레드 앨범'과 '블루 앨범'으로 불리는 쌍둥이 같은 <The Beatles / 1962–1966>와 <The Beatles / 1967–1970>이 과묵한 <Now and Then>의 든든한 양날개다. 세 개의 앨범을 동시에 구비하는 것이 제작 취지에 부합하는 일이라 생각되지만, 보다 합리적으로 따져본다면 2023년 출시된 '레드 앨범'과 '블루 앨범'을 구매하는 것도 나쁘지 않은 선택으로 보인다. <Now and Then> 싱글에 수록된 두 개의 곡이 '레드 앨

범'과 '블루 앨범'에 각각 포함되어 있으니 말이다. 하지만 기념하고 싶다면, <Now and Then> 싱글을 선택하는 것이 좋으리라. 기왕이면 7인치도 나쁘지 않을 것이다. 아무래도 Now and Then은, 오노 요코가 건넨 데모 테이프에 수록됐던 나머지 곡들, Free as a Bird나 Real Love와는 시간적으로 긴 공백을 두고 완성된 별개의 프로젝트이므로 어딘가에 묶이기에는 적합하지 않으니까. 나는 '레드 앨범'과 '블루 앨범'을 각각 구매했다. 이 레코드들은 과거에 내가 즐겨 들었던 <1>과는 또 다른, 보다 디테일하고 심화된 시각으로 비틀즈의 전성기 시절 음악을 회고적으로 살펴볼 기회를 제공하고 있었다.

첫 번째 LP는 러브송의 발랄한 도취로 가득하다. 빠른 템포와 고조된 텐션으로 혼을 쏙 빼놓는, 그 시절 '비틀매니아'들을 열광시킨 트랙들. 로큰롤과 사이키델릭 록이 적절히 믹스된 것 같은 A Hard Day's Night은 단순하고 현실적이면서 유머러스한 풍경을 무심한 터치로 그려놓는다. 돈을 벌기 위해 하루 종일 '개(dog)'처럼 일한 화자는 너무 피곤해서 '통나무(log)'처럼 자야 할 것만 같은 기분을 느낀다. 사랑하는 연인으로 인해, 그녀에게 선물을 하기 위해, 열심히 돈을 벌어야만 하는 입장에 처한 그에게 사랑은 독이자 꿀이라는 인식이 깃들어 있어 균형감 있게 시니컬한 면모를 내비치기도 한다. '내가 집에 돌아오면 / 모든 것이 옳은 것 같아요 / 내가 집에 돌아오면 / 당신이 나를 꼭 껴안아주는 것 같아요(When I'm home / everything seems to be right / when I'm home / feeling you holding me tight, tight, year)'. 피로에 젖은 상황이지만 스스로를 격려하는 긍정적 마인드를 가진 이 노래가 나아가는 방향을 간절히 지지하고 싶어진다. 그 시절 비틀매니아들의 열광도 아마 이런 포인트에서 촉발된 것이 아니었을까.

첫 번째 LP가 러브송의 흥겨운 분위기로 단번에 청자의 주의를 집중시킨다면 두 번째 LP는 조금 릴랙스하며 듣게 되는 분위기다. 데뷔와 동시에 영국, 그리고 미국을 들썩이게 만든 젊은 록 그룹에서 보다 성숙하려 하는 태도와 음악에 대한 발전적 고민이 묻어나는 시기이기도 하다. 숨 가쁜 순회공연과 세계적인 문화 현상이 된 유명세와 치솟는 인기의 광풍 속에서 그들만의 음악을 찾으려 했던 뮤지션으로서의 발걸음들. '레드 앨범'에서 내가 가장 좋아하는, 혹은 친숙하게 느껴지는 부분은 두 번째 LP의 B면이라고 할 수 있을 것 같다. 1965년작 <Rubber Soul>의 수록곡들, Nowhere Man, Michelle, In My Life, Girl이 집중된 부분이다. 너무 유명한 노래라 새삼스럽지만 시타르의 이국적인 선율로 시작되는 Norwegian Wood는 꿈같은 한 장면을 밀도 있게 그려낸다. 소설가 무라카미 하루키가 이 곡에 영감을 얻어 자신의 소설을 썼을 만큼 짧은 이야기지만 그 속엔 이루지 못하는 로맨스의 씨앗이 담겨 있다.

2023년 리믹스 버전에서 새롭게 추가된 이 세 번째 LP에 수록된 곡들은 기존에 없던 새로운 조합으로 여기에 진중한 무게감을 부여한다. 비틀즈의 데뷔 앨범 <Please Please Me>에 수록된 로큰롤 분위기의 곡부터 '레드 앨범'의 끄트머리에 위치한, 사이키델릭 록과 애시드 록, 챔버 뮤직 등을 다루며 장르적으로 더욱 확장되고 심층적이 되어 가는 <Revolver>시절 비틀즈의 중요한 성취를 새 시각으로 배치하며 말이다. Roll over Beethoven은 척 베리의 원곡을, You Really Got a Hold on Me는 스모키 로빈슨의 곡을 커버한 것이다. 지금은 비틀즈가 그 뮤지션들보다 더 유명한 이름이지만, 데뷔 전 존 레논에게 우상과도 같았던 뮤지션들의 곡을 따라 부르는 것을 기억하는 일은 우리를 음악이라는 영롱한 은하수 속으로 흘러들도록 도울 것이다. 레논-매카트니 콤퍼지션의 눈부신 성취로 인해 상대적으로 묻힌 기분이지만 이 곡들에 대한 재발견은 어떤 식으로든 새로운 활력을 불어넣기에 충분하다. 존 레논의 목소리는 알앤비나 로큰롤 하면 연상되는 부드러움 혹은 스무드함과는 거리가 있지만, 자기만의 개성으로 커버 곡들을 소화하는 것이 오히려 세련돼 보인다. 레코드에 삽입된 인서트에는 영국인 저널리스트 존 해리스(John Harris)의 라이너 노트가 실려 있는데, 비틀즈의 활동사진도 몇 컷 담겨 있다. 보이 밴드처럼 잘생긴 외모에 단정한 헤어스타일, 댄디한 슈트 차림을 한 그들의 사진을 보다가 거기에서 가장 그 스타일이 어울리지 않는 사람이 바로 안경을 쓰지 않은 존 레논이라는 생각을 했다. 나처럼, 60년대를 훨씬 지나 태어난 세대의 청자들이라면 아마 더 그렇게 느낄지 모른다. 존 레논은 컬이 진 단발머리에 알이 작은 안경을 쓴 바로 그 사람으로 기억 속에 선명히 남아 있으니.

비틀즈는 영원하다 2—더 비틀즈 겟 백!

〈The Beatles / 1967–1970〉 The Beatles

<The Beatles / 1967–1970>, 일명 '블루 앨범'은 67년부터 해체 전까지 비틀즈의 히트곡들을 모은 컴필레이션으로, 그룹의 활동 후반기 주요 포인트가 되는 곡들을 밀도 있게 배열하고 있다. 이번 레코드 역시 '레드 앨범'의 2023년 믹스 포맷과 동일하게 세 번째 LP를 추가해 아홉 개의 새로운 트랙을 포함시켰다. 그중 Now and Then은, 지난주 '레드 앨범'에 대해 다룰 때 그 제작 배경에 관해 서술한 대로, 1977년 존 레논에 의해 처음 데모 녹음이 되고, 남은 멤버들이 녹음을 시도했지만 기술적 한계에 부딪치며 완성이 보류되었던 레논이 남긴 데모 중 마지막 곡이었다. 시간이 흘러 2023년이 되어서야 완성된 레논-매카트니 크레딧의 새로운 노래 Now and Then이 마침내 우리 앞에 나타났다. Now and Then은 시간의 관용이 스며든 불가능한 재회의 트랙이며, 만져지는 듯 선명한 화합의 마침표다. 단순함 속에서 진실을 끌어올려 본다면, 레드와 블루 두 앨범에 대해 이렇게 표현해도 좋으리라. '레드'가 상징하는 열정적 이미지처럼 레드 앨범이 업비트 무드에 주력한다면, '블루'는 조금 더 무게감을 가지는, 그러면서도 덜어내며 가벼워지는 느낌이라고. 무엇보다 '블루 앨

범'에서는 '조용한 비틀(The quiet Beatle)' 멤버 조지 해리슨이 작곡한 곡들을 많이 만나볼 수 있다.

첫 번째 LP의 처음 두 곡에서부터 흥미진진한 이야깃거리가 샘솟는다. Strawberry Fields Forever와 Penny Lane은 비틀즈의 주요 송라이터인 존 레논과 폴 매카트니가 각자 유년기 추억의 장소들을 소재로 삼아 완성한 노래들이다. 여느 비틀즈의 히트곡들과 다르지 않은 레논-매카트니 크레딧의 공동 창작물로 이해할 수 있지만, 가사를 쓰는 단계에서 주요 영감의 씨앗이 발아한 것은 두 사람 각자의 심상 속에서였다. 두 사람의 서로 다른 성향과 스타일을 반영이라도 하듯 두 곡의 가사가 초점을 두는 대상이 극명히 나뉜다. Strawberry Fields Forever가 화자의 내부에 초점을 맞춘다면 Penny Lane은 외부로 시선을 돌렸다. 동전의 양면처럼 서로 다른 두 송라이터의 성향이 변증법 같은 교류의 과정을 거치며 비틀즈 음악의 테마를 점진적으로 발전시켜나간 것은 아닐까.

위키백과에서 그 당시 비평가들이 위의 두 곡에 관해 내놓은 코멘트들을 찾아보는 것도 재미있다. 방송인 조 쿠슐리(Joe Cushley)는 Penny Lane을 두고 '리버풀로 간 루이스 캐럴(Lewis-Carroll-goes-to-Liverpool)'이라고 표현했고, 대중음악 전기를 주로 쓴 작가 클린턴 헤일린(Clinton Heylin)은 Penny Lane을 두고 'Strawberry Fields Forever의 대중적 포용력 부족으로 인해 팬들로부터 멀어질까 두려워 한 매카트니'라고 명명했다. 저널리스트 피터 도겟(Peter Doggett)는 'Strawberry Fields

Forever는 아트 팝—의식적으로 대중을 배제한(self-consciously excluding the mass audience), Penny Lane은 팝 아트—일상으로부터 건져낸 다각적 본질(multifaceted substance out of the everyday)'이라고 표현했다. 이 두 곡에 관한 비교만으로도 굵직한 비틀즈 스토리의 일부를 읽게 되는 셈이다.

Hello, Goodbye도 가사가 참 재미있다. '당신은 '굿바이'라 말하고, 나는 '안녕'이라고 말해요 / 나는 왜 당신이 '굿바이'라고 하는지 모르겠어요, 나는 '안녕, 안녕, 안녕'이라고 말해요(You say, "Goodbye" and I say, "Hello, hello, hello" / I don't know why you say, 'Goodbye", I say, "Hello, hello, hello")'. 가사는 단순히 '응'과 '아니', '안녕'과 '굿바이', '좋아'와 '싫어' 등의 대립 장면을 보여주며 관계가 모호하게 설정된 두 사람의 불화를 그려낸다. 너무도 단순하지만 여기에서 생각할 수 있는 문제들이 주어지고, 그럼에도 불구하고 함께여야 하는 모순의 발견에 이르도록 한다. 폴 매카트니는 당시 인터뷰에서 '모든 것에 대한 대답은 단순하다. Hello, Goodbye는 모든 것과 아무것도 아닌 것에 관한 노래다. 당신이 암울해졌다면 당신은 밝아져야만 한다. 그게 삶에서 일어나는 놀라움이다.'라는 코멘트를 남겼다.*

공식적인 투어 중단을 선언한 뒤 처음이자 마지막으로 대중 앞에 선 1969년 '루프탑 콘서트'의 배경엔 Get Back이 있다. Get Back은 비틀즈 이야기를 재가동할 만한 위력을 지닌 곡

---

* The answer to everything is simple. It's a song about everything and nothing... If you have black you have to have white. That's the amazing thing about life. (https://en.wikipedia.org/wiki/Hello,_Goodbye)

이다. 비틀즈의 마지막 곡 Now and Then을 기술적으로 완성시키는 데 큰 공을 세운 피터 잭슨 감독의 영화팀이, 현시점에서(2024년 2월) 디즈니 플러스를 통해 볼 수 있는 ≪겟 백(The Beatles: Get Back)≫ 다큐멘터리의 복원을 맡았다. 피터 잭슨의 ≪겟 백≫은 마이클 린제이 호그(Michael Lindsay-Hogg) 감독이 영화 ≪렛 잇 비≫를 만들 때 촬영해 둔 150시간 이상의 필름들을 재편집해, 그들의 고민과 불화, 자유로운 상상력이 콘서트가 있은 지 50년이 지난 지금 새롭게 읽히도록 재탄생시킨 작품이다. 피터 잭슨의 다큐는 3부작의 긴 호흡으로 당시 '겟 백 프로젝트' 세션의 일상적 녹음 풍경을 담아 더 투명하게 거기에 다가갈 수 있도록 돕는다. 존 레논의 리드 기타가 돋보이는 Get Back은 폴 매카트니의 패기 있는 노래로 시작된다. 키보디스트 빌리 프레스턴(Billy Preston)을 초청하며 음악적 변화를 이끌어내기도 했다. 전반적으로 자유분방한 로큰롤 분위기로 즉흥 잼 세션 느낌을 살린 이 곡의 가사는 표면적으로 이민자들에 대한 미국과 영국 정부의 태도를 풍자하고 있다.

두 번째 LP에 수록된 While My Guitar Gently Weeps는 '레드'와 '블루' 컴필레이션에서 대부분을 차지하는 레논-매카트니 크레딧이 아니라 조지 해리슨의 크레딧이 붙은 곡이다. 레논의 거칠지만 섬세한 보컬과 예술적 성향, 매카트니의 당당함과 팝 친화적인 멜로디, 조지 해리슨은 거기에 동양적 세계관과 음악적 탐구의 흔적이 배어나는 노래들로 비틀즈 음악을 더욱 넓은 영역으로 확장하고 있다. 뒷면에 실린 Something도 잊을 수 없는 비틀즈의 히트곡 중 하나이다. 인터루드의 블루스 기타 솔로가 사색적이고 심미적인 성취를 높이는 듯하다. 가사에서 화자가 포커스를 맞추고 있는 것들은 굉장히 소박한 것들이다. '그녀가 움직이는 방식에 뭔가가 있어요(Something in the way she moves)'. 그는 그녀의 모습에 대한 끌림, 그리고 자신의 감정을 관찰한다. 같은 맥락에서 Here Comes the Sun도 음미해 볼 수 있다. 소박함과 순수함으로 어두운 마음을 비춰주는 것 같은 포크 성향의 곡. 많은 사람들이 비틀즈 음악의 매력을 이런 에너지에서 발견할 거라고 확신하게 되는 트랙이다.

조지 해리슨의 곡들도 살펴보았으니, 링고 스타의 곡도 빠뜨릴 수는 없을 것이다. 레논과 매카트니가 Strawberry Fields Forever와 Penny Lane를 통해 각자 자신들의 유년기 향수에 젖어든 것처럼, Yellow Submarine과 Octopus's Garden에서 링고 스타의 동심을 읽을 수 있다. Yellow Submarine은 빠트릴 수 없는 비틀즈 클래식 중 하나가 아니던가. 레논과 매카트니, 그리고 조지 해리슨과는 또 다른 뉘앙스를 지닌 링고 스타의 보컬 트랙 With a Little Help from My Friends는 듣는 순간 마음이 편안해진다.

세 번째 LP에서 가장 주목을 끄는 노래는 단연 신곡 Now and Then이다. 하지만 이 곡에 대한 이야기는 이미 많이 했으니 다른 이야기로 이번 비틀즈 여정을 마무리 짓고자 한다. 처음에 수록된 Strawberry Fields Forever와 Penny Lane이 레논과 매카트니의 유년기 추억의 음악적 형상화로 팽팽한 대립 구도를 만들어낸다고 본다면, 마지막을 장식하는 Oh! Darling과 I Want You(She's so Heavy)는 사랑하는 이에 대한 구애를 주제로 한 두 사람의 또 다른 대비를 만들어낸다. 그와 동시에 이 곡들은 비틀즈가 초기에 대중의 사랑을 한몸에 받은 이유 중 하나였던, 대중적이고 친근한 러브송들이 어떠한 방식으로 진화해 갔는지를 파악하는 지표가 되기도 한다. Oh! Darling이 다분히 매카트니스러운 열정적 태도를 담으며 매카트니식 러브송의 위력을 함축한다면, I Want You는 존 레논의 예술적 취향을 적극 반영한 러브 테마로 마이너 코드의 불길한 무드를 중심으로 구축되었다. 장르적으로 Oh! Darling은 5–60년대의 스왐프 블루스(Swamp Blues) 특성을 채택한 리듬앤 블루스 트랙, I Want You는 하드 록과 블루스, 실험적 트랙으로 7분 남짓의 러닝타임 동안 반복과 변주를 쌓고 무너뜨리며 나아가고, 마지막에는 백색 소음을 개입시키며 장엄한 피날레를 선사한다.

여기까지의 이야기들은 2023년 에디션의 '레드 앨범'과 '블루 앨범'을 관전하는 포인트에 관한 것이었다. 주관적인 감상에 미흡한 점이 많을 수 있지만, 아무튼 이 앨범들을 통해 비틀즈의 활동 초기부터 끝까지, 1962년부터 1970년, 그리고 2024년 바로 오늘날까지, 그들의 음악이 여전히 살아 있고, 박동하는 것을 확인하는 즐거움을 누리시기를 바란다.

책을 엮으며…

이 책에 묶인 글들은 2022년 5월부터 2024년 2월 사이에 쓰였다. 이 책에서 나는 음악과 레코드를 통해 세계를 여행하고 누군가의 머릿속도 여행하고 우주 여행도 한다. 독자분들께도 그런 시간이 되면 좋겠다.

<@sj_musicnote> 시리즈를 이미 접하신 분들에게는 그리 낯선 일이 아니겠지만, 이 책에는 우울증, 내적 불안정, 기성 체제나 주류 문화에 저항하는 태도 등에 관한 이야기들이 주를 이룬다. 워 온 드럭스의 보컬 아담 그랜두시엘은 우울증과 불안, 고독에 휩싸여 누워 지내지만 음악에 대한 의지 때문에 침대 밖으로 나오고, 톰 미쉬는 학교 시스템이 맞지 않아 학업을 중단하고 음악의 현장 속으로 뛰어 든다. 디스트로이어의 대니얼 베하르도 학교가 적성에 맞지 않았다. 이번 책에서 네 편이나 다루게 된 더 내셔널의 메인 내러티브는 우울과 혼돈이며, 본 이베어의 저스틴 버논은 환멸감에 세상을 등지고 외딴 오두막에 들어가 혼자 지내며 음악을 만든다. ≪기묘한 이야기≫ 시즌 4의 맥스는 자신이 즐겨 듣던 음악 덕분에 베크나의 세계에서 극적으로 탈출한다. 위의 인물들에게 음악은 그들 각자가 처한 절망적 상황을 돌파하는 구원처럼 작용한다. 나는 그런 주제에 늘 관심이 있었다. 아마도 이 음악 에세이를 통해 그런 이야기를 반복적으로 하려 했고, 그것에 대해선 이제 충분히 이야기했다는 느낌도 든다.

그렇지만 <@sj_musicnote> 3편을 정말로 내게 될 줄은 몰랐다. 그 전에 내가 포기할 거라 내심 생각했기 때문이다. 원고의 막바지에 이를 때쯤엔 거의 반은 포기 상태였다. 불확실성은 커져만 가고 매너리즘이 눈앞을 가렸다. 현실의 무게 또한 온전히 내 몫으로 남아 있었다.

돌이켜보면 1편과 2편이 오로지 자발적 의지에서 빚어진 사건이었다면 이번 3편은 그것과는 느낌이 조금 다르다. 나는 책에 대해서도, 글에 대해서도 더 이상 간절하지 않다고 생각했다. 이번 책을 쓰는 동안 나는 내가 아닌 다른 사람들을 더 의식했다. 그리고 그 혹은 그들을 위해서, 나는 이걸 하고 싶고 해야 한다고 느꼈다. 다시 말하면 나는 이것이 '약속'처럼 여겨졌다. 타인과 나 사이의 약속. 누구라도 이 끈을 놓는 순간 모든 일은 제로가 된다. 하지만 나는 '간절하게' 그걸 원하지 않았다. 나의 간절함은 나도 모르는 사이 다른 곳으로 이동했다. 새 책을 묶는 이 과정을 거치고 나면 나는 다시 해 나갈 힘을 얻을 거라고 믿었다.

혼자만의 작업이었기에 부족한 점이 많으리라 예상한다. 부디 바다 같은 넓은 마음으로 이 책을 바라봐주시기를 바라며, 향후의 발전을 위해 간략한 소견을 보내주셔도 좋을 것 같다. 앞으로도 나는 음악과 음악의 주변에서 들려오는 것들과 여러분의 이야기와 여러분의 음악들에 귀를 기울이며 지낼 것이다. 음악을 매개로 맺어진 이 우정이 제로가 되지 않기를 바라며.

참고 자료 및 인용

도서

권범준, ≪BRITPOP(브릿팝)≫, 안나푸르나, 2020
윤준호, 윤상철, 김주희, ≪라이선스 LP 연대기≫, 서해문집, 2021
메리 셸리, ≪프랑켄슈타인≫, 한애경 역, 을유문화사, 2013

영화

웨스 앤더슨, ≪문라이즈 킹덤≫, 2012
왕가위, ≪마이 블루베리 나이츠≫, 2007
더퍼 형제, ≪기묘한 이야기≫ Season 4, 2022
제임스 건, ≪가디언즈 오브 갤럭시≫ Vol.3, 2034
제이슨 라이트먼, ≪주노≫, 2007
코엔 형제, ≪인사이드 르윈≫, 2013
에밀 아돌리노, ≪시스터 액트≫, 1992
레나 윌슨, ≪미스 아메리카나≫, 2020
피터 잭슨, ≪비틀즈: 겟 백≫, 2021

기사

Ryan Dombal, “Destroyer’s Dan Bejar Serenades the Apocalypse”, Pitchfork, 2020. 01. 14
EVAN SCHLANSKY, “I Wanna Destroy You: An Interview With Destroyer”, American Songwriter
Alex Flood, “Tom Misch: “Me and Loyle Carner definitely wanna do a little joint tape together”, NME, 2018. 04. 15
Abe J. Riesman, “Rivers' End: The Director's Cut”, The Harvard Crimson, 2006. 04. 26
Kevin EG Perry, “Hey, Adam Granduciel: What’s Your Secret?”, VICE, 2017. 08. 25
David Bevan, “The War on Drugs: Inside Man”, Pitchfork, 2014. 09. 23
CHERYL CHENG, “Interview: Matt Berninger of The National”, The Scenestar, 2007. 06. 29
Matt Fink, “The National Names of Strangers”, Under the Rader, 2013. 08. 09
LUCIA DEBERNARDINI, “‘Juno’, ‘Young Adult’ and ‘Tully’: How the Reitman-Cody Duo Use Dark Humor to Reflect the Pain of Womanhood”, Collider, 2022. 04. 22

Michael Bonner, "An interview with the Coen Brothers: "We sold out long ago…"", Uncut, 2016. 02. 12
DAVID HAGLUND, "The People Who Inspired Inside Llewyn Davis", Slate, 2013. 12. 02
Mike Ryan, "'Please Mr. Kennedy': How An Intentionally Bad Song Turned Out So Great", HuffPost, 2017. 12. 06
Madeleine Aitken, "Indie-rock trio boygenius wows once again with 'the record'", The Tufts Daily, 2023. 04. 14
ILANA KAPLAN, "Weyes Blood Shows Us How She Made The Striking Cover For Her Exquisite New Album", Stereogum, 2019. 04. 05
Ella Kemp, "Weyes Blood: inside one of the year's most breathtaking records", NME, 2022. 11. 15
Patrick Clarke, "Weyes Blood: "A lot of big artists don't write their songs, they just have a lifestyle brand", NME, 2019. 04. 04
Abdullah Saeed, "A Guide To Björk's Custom Biophilia Instruments", VICE, 2012. 02. 10
Scott Simon, Will Jarvis, "Tom Misch On Making 'What Kinda Music' And Seeing Yussef Dayes At A Talent Show", NPR, 2020. 04. 25
Laura Barton, "The National on coming back from the brink: 'Everything was evidence of failure'", Independent, 2023. 09. 23
Abigail Covington, "'It Feels Like a Prolific Time': Aaron Dessner on The National's 'Laugh Track'", Esquire, 2023. 09. 18

사이트

https://www.wikipedia.org/
https://genius.com/Destroyer-suicide-demo-for-kara-walker-lyrics (2023. 04. 08)
https://library.brown.edu/create/fivecenturiesofchange/chapters/chapter-6/bossa-nov/ (2023. 04. 08)
https://www.allmusic.com/artist/jo%C3%A3o-donato-mn0000118493/biography (2023. 04. 08)
https://www.musicontherun.net/2021/09/discos-para-historia-cha-dancante-donato-e-seu-conjunto-1956.html (2023. 04. 08)
https://revistacontinente.com.br/secoes/arquivo/-nao-me-vejo-com-80-anos- (2023. 04. 08)
https://www.promonews.tv/videos/2017/11/21/tom-misch-movie-joshua-osborne/50599 (2023. 04. 08)
https://www.weezerpedia.com/wiki/Main_Page (2023. 04. 08)
https://diablocodyfan.wordpress.com/about/ (2023. 04. 08)
https://www.brooklynvegan.com/weyes-blood-announces-new-album-tour-

shares-its-not-just-me-its-everybody/ (2023. 04. 08)
https://www.patrickjohnsonwrites.com/home/tom-misch-yussef-dayes-what-kinda-music-album-interview (2023. 04. 08)
https://secretlycanadian.com/artist/faye-webster/ (2023. 04. 08)
https://www.songtell.com/faye-webster/better-distractions (2023. 04. 08)
https://www.billboard.com/music/music-news/barack-obama-favorite-songs-2020-9503113/ (2023. 04. 08)
https://www.songtell.com/the-national/dreaming (2023. 04. 08)
https://www.songtell.com/the-national/smoke-detector (2023. 04. 08)

유튜브

'별이 다섯 개! 이동진이 만점 준 천재 형제 영화 〈인사이드 르윈〉 끝장 해설' (https://www.youtube.com/live/YHWPSOAEhrg?si=x7ID2gtk1al7IP6B) (2024. 04. 08)
A Conversation Between Matt Berninger and David Letterman (2024. 04. 08)
Fred again..: Tiny Desk Concert (2024. 04. 08)
Weezer: NPR Music Tiny Desk Concert (2024. 04. 08)
Björk's Gameleste - the making of (2024. 04. 08)
björk: thunderbolt live (2024. 04. 08)